2014–2015年中国原材料工业发展蓝皮书

The Blue Book on the Development of Raw Material Industry in China (2014-2015)

中国电子信息产业发展研究院　编著

主　编/　宋显珠
副主编/　张　涛　王兴艳

人民出版社

责任编辑：邵永忠
封面设计：佳艺堂
责任校对：吕　飞

图书在版编目（CIP）数据

2014 ~ 2015 年中国原材料工业发展蓝皮书 / 宋显珠 主编；
中国电子信息产业发展研究院 编著．—北京：人民出版社，2015. 7
ISBN 978-7-01-014986-8

Ⅰ．① 2… Ⅱ．①宋… ②中… Ⅲ．①原材料工业—原料经济—经济发展—白皮书—中国— 2014 ~ 2015 Ⅳ．① F426.1

中国版本图书馆 CIP 数据核字（2015）第 141395 号

2014-2015年中国原材料工业发展蓝皮书
2014-2015NIAN ZHONGGUO YUANCAILIAO GONGYE FAZHAN LANPISHU

中国电子信息产业发展研究院　编著
宋显珠　主编

人民出版社 出版发行
（100706　北京市东城区隆福寺街 99 号）

北京艺辉印刷有限公司印刷　新华书店经销

2015 年 7 月第 1 版　2015 年 7 月北京第 1 次印刷
开本：710 毫米 ×1000 毫米　1/16　印张：14.5
字数：242 千字

ISBN 978-7-01-014986-8　定价：68.00 元

邮购地址　100706　北京市东城区隆福寺街 99 号
人民东方图书销售中心　电话（010）65250042　65289539

代　序

大力实施中国制造2025　加快向制造强国迈进

——写在《中国工业和信息化发展系列蓝皮书》出版之际

制造业是国民经济的主体，是立国之本、兴国之器、强国之基。打造具有国际竞争力的制造业，是我国提升综合国力、保障国家安全、建设世界强国的必由之路。新中国成立特别是改革开放以来，我国制造业发展取得了长足进步，总体规模位居世界前列，自主创新能力显著增强，结构调整取得积极进展，综合实力和国际地位大幅提升，行业发展已站到新的历史起点上。但也要看到，我国制造业与世界先进水平相比还存在明显差距，提质增效升级的任务紧迫而艰巨。

当前，全球新一轮科技革命和产业变革酝酿新突破，世界制造业发展出现新动向，我国经济发展进入新常态，制造业发展的内在动力、比较优势和外部环境都在发生深刻变化，制造业已经到了由大变强的紧要关口。今后一段时期，必须抓住和用好难得的历史机遇，主动适应经济发展新常态，加快推进制造强国建设，为实现中华民族伟大复兴的中国梦提供坚实基础和强大动力。

2015 年 3 月，国务院审议通过了《中国制造 2025》。这是党中央、国务院着眼国际国内形势变化，立足我国制造业发展实际，做出的一项重大战略部署，其核心是加快推进制造业转型升级、提质增效，实现从制造大国向制造强国转变。我们要认真学习领会，切实抓好贯彻实施工作，在推动制造强国建设的历史进程中做出应有贡献。

一是实施创新驱动，提高国家制造业创新能力。把增强创新能力摆在制造强国建设的核心位置，提高关键环节和重点领域的创新能力，走创新驱动发展道路。加强关键核心技术研发，着力攻克一批对产业竞争力整体提升具有全局性影响、带动性强的关键共性技术。提高创新设计能力，在重点领域开展创新设计示范，推广以绿色、智能、协同为特征的先进设计技术。推进科技成果产业化，不断健全以技术交易市场为核心的技术转移和产业化服务体系，完善科技成果转化协同推进机制。完善国家制造业创新体系，加快建立以创新中心为核心载体、以公共服务平台和工程数据中心为重要支撑的制造业创新网络。

二是发展智能制造，推进数字化网络化智能化。把智能制造作为制造强国建设的主攻方向，深化信息网络技术应用，推动制造业生产方式、发展模式的深刻变革，走智能融合的发展道路。制定智能制造发展战略，进一步明确推进智能制造的目标、任务和重点。发展智能制造装备和产品，研发高档数控机床等智能制造装备和生产线，突破新型传感器等智能核心装置。推进制造过程智能化，建设重点领域智能工厂、数字化车间，实现智能管控。推动互联网在制造业领域的深化应用，加快工业互联网建设，发展基于互联网的新型制造模式，开展物联网技术研发和应用示范。

三是实施强基工程，夯实制造业基础能力。把强化基础作为制造强国建设的关键环节，着力解决一批重大关键技术和产品缺失问题，推动工业基础迈上新台阶。统筹推进“四基”发展，完善重点行业“四基”发展方向和实施路线图，制定工业强基专项规划和“四基”发展指导目录。加强“四基”创新能力建设，建立国家工业基础数据库，引导产业投资基金和创业投资基金投向“四基”领域重点项目。推动整机企业和“四基”企业协同发展，重点在数控机床、轨道交通装备、发电设备等领域，引导整机企业和“四基”企业、高校、科研院所产需对接，形成以市场促产业的新模式。

四是坚持以质取胜，推动质量品牌全面升级。把质量作为制造强国建设的生命线，全面夯实产品质量基础，提升企业品牌价值和“中国制造”整体形象，走以质取胜的发展道路。实施工业产品质量提升行动计划，支持企业以加强可靠性设计、试验及验证技术开发与应用，提升产品质量。推进制造业品牌建设，引导企业增强以质量和信誉为核心的品牌意识，树立品牌消费理念，提升品牌附加值和软实力，加大中国品牌宣传推广力度，树立中国制造品牌良好形象。

五是推行绿色制造，促进制造业低碳循环发展。把可持续发展作为制造强国建设的重要着力点，全面推行绿色发展、循环发展、低碳发展，走生态文明的发展道路。加快制造业绿色改造升级，全面推进钢铁、有色、化工等传统制造业绿色化改造，促进新材料、新能源、高端装备、生物产业绿色低碳发展。推进资源高效循环利用，提高绿色低碳能源使用比率，全面推行循环生产方式，提高大宗工业固体废弃物等的综合利用率。构建绿色制造体系，支持企业开发绿色产品，大力发展绿色工厂、绿色园区，积极打造绿色供应链，努力构建高效、清洁、低碳、循环的绿色制造体系。

六是着力结构调整，调整存量做优增量并举。把结构调整作为制造强国建设的突出重点，走提质增效的发展道路。推动优势和战略产业快速发展，重点发展新一代信息技术产业、高档数控机床和机器人、航空航天装备、海洋工程装备及高技术船舶、先进轨道交通装备、节能与新能源汽车、电力装备、新材料、生物医药及高性能医疗器械、农业机械装备等产业。促进大中小企业协调发展，支持企业间战略合作，培育一批竞争力强的企业集团，建设一批高水平中小企业集群。优化制造业发展布局，引导产业集聚发展，促进产业有序转移，调整优化重大生产力布局。积极发展服务型制造和生产性服务业，推动制造企业商业模式创新和业态创新。

七是扩大对外开放，提高制造业国际化发展水平。把提升开放发展水平作为制造强国建设的重要任务，积极参与和推动国际产业分工与合作，走开放发展的道路。提高利用外资和合作水平，进一步放开一般制造业，引导外资投向高端制造领域。提升跨国经营能力，支持优势企业通过全球资源利用、业务流程再造、产业链整合、资本市场运作等方式，加快提升国际竞争力。加快企业“走出去”，积极参与和推动国际产业合作与产业分工，落实丝绸之路经济带和21世纪海上丝绸之路等重大战略，鼓励高端装备、先进技术、优势产能向境外转移。

建设制造强国是一个光荣的历史使命，也是一项艰巨的战略任务，必须动员全社会力量、整合各方面资源，齐心协力，砥砺前行。同时，也要坚持有所为、有所不为，从国情出发，分步实施、重点突破、务求实效，让中国制造“十年磨一剑”，十年上一个新台阶！

工业和信息化部部长 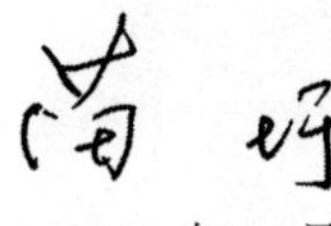

2015年6月

前 言

原材料工业是国民经济的基础和支柱产业，经济规模巨大，关联产业众多，资源能源高度密集，对于装备、机器人、半导体、节能环保、新能源汽车、高端医疗器械等重点下游环节的发展与升级，具有至关重要的先导作用。作为制造基础，原材料工业的发展水平和质量，直接决定着我国制造业的技术创新、产品设计、质量提升、绿色低碳的有效进展。

2014 年，发达经济体经济运行分化加剧，发展中经济体增长放缓，世界经济复苏依旧艰难曲折，经济金融风险上升，大国博弈和地缘政治风险加剧，国际大宗商品价格持续走低。国内经济仍处在“三期”叠加的阵痛期，产能过剩矛盾突出，工业产品价格持续下降，企业生产经营困难等问题比较严峻。在这样的环境下，我国经济发展进入了从高速增长转为中高速增长、结构不断优化升级、从要素驱动投资驱动转向创新驱动的“新常态”。

当前，原材料工业调结构取得较大进展，节能减排成效显著，资源利用、清洁生产、安全生产水平逐步提高，但也面临着产能过剩、市场需求不足、资源环境约束加大、技术创新水平不高等诸多突出问题，转型发展任务仍然十分艰巨。

新常态下，我国将紧紧围绕中央“四个全面”战略布局，主动适应和引领经济发展新常态，全面深化改革，培育新增长点，“一带一路”、京津冀协同发展、长江经济带三大战略，加速推进的国企改革、财税体制等多领域改革，蓬勃兴起的“互联网 +”经济等，都将成为新常态下可靠的增长新动力。尤其值得关注的是，制造业将在“中国制造 2025”引领下迈上由大变强的征途，2015 年原材料工业的发展也将进入新阶段、迎来新机遇：

一是必须把创新能力建设作为原材料工业的重中之重。

原材料是工业的先导产业，是制造业的基础。但我国原材料工业“大而不强”，技术含量高、产品附加值高的高端原材料产品深加工能力不足，资源能源消耗高企，污染排放水平亟须降低，部分关键技术和设备对外依存度高。为提高我国原材料工业竞争力、践行工业基础发展战略，必须大力加强创新能力建设。要发挥企业的创新主体作用，产学研用联动，探索建设创新中心，建立和完善整机企业和材料企业、科研院所等的联合攻关机制；要围绕工业基础能力清单，将关键基础材料的创新扶持纳入国家科技计划；要改革扶持资金管理方式，由支持单一项目向持续支持机构创新能力和技术积累转变；要积极利用信息化，形成研发、小试、中试、工程化的创新链条，放大创新成果的市场化效应。

二是必须把稳增长作为原材料工业的重要任务。

原材料工业涉及面广、关联度高、经济总量大、从业人员多，是带动工业发展的基础产业，原材料工业的稳定增长对经济发展、社会稳定、重大工程建设保障起到了重要作用。当前，要积极把握“一带一路”战略国策带来的发展机遇，通过技术改造，扩大适销对路的绿色建材、高性能水泥、特种钢材等产品的产能，对接市场需求；大力实施“走出去”战略，围绕高铁、核电、通信等优势产业的输出项目匹配技术和产品分布，鼓励具有核心竞争力的原材料企业布局对外投资、优化产能布局、拓展海外市场。

三是必须把转型升级作为原材料工业的长期工作。

新常态下，我国原材料工业面临日益严苛的环境约束，既往的粗放型增长方式难以为继，必须逐步降低资源能源消耗强度。同时，房地产等重点应用行业未见起色，国内需求增速减缓，国际需求依然不振，化解产能过剩虽取得一定进展，但仍面临较为突出的问题，企业经营困难、行业利润下降的局面并未得到扭转。要加快推进原材料工业绿色转型，鼓励企业积极采用新一代可循环流程工艺、提升“三废”深度处理与循环利用水平、替代有毒害原料、提高节能节水及再生资源利用先进适用技术应用范围，支持企业建立能源管理中心、建设绿色工厂、实现可持续发展；要大力推动原材料工业服务化转型，积极对接互联网+、云制造、云服务等新技术新业态，探索“设备+产品+智能服务”的新模式，鼓励传统企业转型生产性服务业，实现有减有增，培育业务和利润新增长点。

四是必须把加快发展新材料作为原材料工业的关键突破口。

新材料是材料工业发展的前沿和方向，既是七大战略性新兴产业之一，又对支撑机器人、3D打印、集成电路、储能、净化等战略性新兴产业重点方向发展、保障重大工程、提升产业自主可控具有至关重要的作用。在第三次工业革命到来之际，美、德、法、日、澳等先进国家纷纷加大力度扶持新材料产业，我国也必须加大新材料扶持力度，加速新材料产业发展。要围绕新能源材料、关键电子材料、轻量化材料等下游产业急需、空间广阔、瓶颈效应显著的发展重点，完善财政税收、人才培育、研发奖励、风险补偿等政策；要突破创新机制，探索联合技术研究院、创新中心、专业集成孵化器、知识产权交易等多种手段，打通“研—产”、“产—用”；要大力建设公共服务平台，建立和完善标准体系制修订、试验验证、检验检测、信息与知识产权服务、新材料大数据、模拟仿真等平台，支撑共性技术、关键技术的研发突破。

基于此，赛迪智库原材料工业研究所组织编撰了《2014—2015年中国原材料工业发展蓝皮书》,本书在2013—2014年原材料工业发展蓝皮书工作的基础上,从综合、行业、地区、园区、企业、政策、热点、展望八个角度，密切跟踪了2014年我国原材料工业的发展动态、取得的成绩、存在的问题，并对2015年发展趋势进行了预测。

本书共分八篇二十九章。1—2章为综合篇，介绍全球原材料工业发展情况，以及中国原材料工业发展基本情况、工作进展。3—7章为行业篇，分别分析了2014年石化、钢铁、有色、建材、稀土五大行业的运行情况，对2015年各行业的走势进行了判断，指出行业发展中需要关注的若干问题。8—10章为区域篇，着重介绍了2014年东、中、西部原材料工业发展状况，指出三大地区原材料工业的发展特点和存在问题。11—15章为园区篇，归纳了石化、钢铁、有色、建材、稀土行业的重点园区发展情况，分析了园区的基础设施建设情况、产业布局、园区内重点企业发展现状，指出园区发展存在的问题。16—20章为企业篇，总结了原材料行业代表性企业概况，从企业生产经营范围、企业规模、经济效益、创新能力四个方面对企业进行分析。21—22章为政策篇，着重从宏观调控政策、需完善配套政策角度分析原材料工业政策环境，并按综合性政策、行业政策的不同维度解析重点政策。23—27章为热点篇，筛选出2014年原材料行业若干重大事件，如“一带一路”、智能制造、技术突破、行业规范、绿色发展、WTO诉讼等热点事件，分析其对原材料工业的影响。28—29章为展望篇，分析了2014年原材料工业的运行环境，预测了2015年原材料工业总体发展形势，并进一步对各行业发展形势进行展望。

工业和信息化部原材料工业司司长 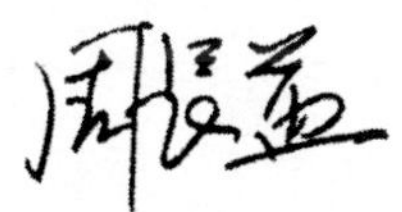

目 录

综合篇

行业篇

区 域 篇

园 区 篇

企业篇

政策篇

热点篇

展望篇

附　录

综 合 篇

第一章　2014年全球原材料产业发展状况

2014年全球经济发展明显分化，发达经济体经济分化加剧，发展中经济体经济增长继续放缓。主要国际组织对全球经济增长的预期均出现了下调，世行预测2014年全球经济增长率为3.3%，IMF预测为3.3%，联合国预测为2.6%。分国家来看，美国经济持续复苏，就业形势有所好转；欧元区经济增长率为0.9%，除德国经济表现较好外，整体复苏进程缓慢；日本经济复苏趋缓，三季度之后陷入技术性衰退。发展中国家大都经济放缓，中国经济新常态，2014年经济增长率为7%；南非、巴西、俄罗斯等国2014年经济增速低于2013年，印度、墨西哥经济增速略快于2013年。在此背景下，石化化工行业受石油价格下跌影响成本下降；钢铁行业粗钢产量下降，钢材价格震荡走低；有色行业铜、铝、铅、锌品种出现分化，铅供给过剩，铜、铝、锌供给短缺；建材行业中水泥市场有所好转，平板玻璃产量不断增加；稀土行业供应继续多元化，除中国以外地区加工产能不断增加。

第一节　石化行业

一、市场供给

2013年9月以来，受利比亚石油恢复供应，沙特、伊拉克和安哥拉等欧佩克成员国以及俄罗斯和美国等非欧佩克成员国产量持续增加的影响，全球原油供给持续增长，2014年12月达93.3百万桶/天。然而，受欧洲经济前景堪忧，日本经济持续疲软，我国经济进入中高速增长的新常态，巴西和南非等经济增速持续放缓，以及俄罗斯经济大幅下滑等影响，原油需求增长乏力。在供给增长和需

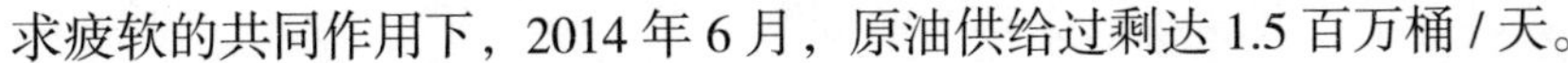
求疲软的共同作用下，2014 年 6 月，原油供给过剩达 1.5 百万桶 / 天。

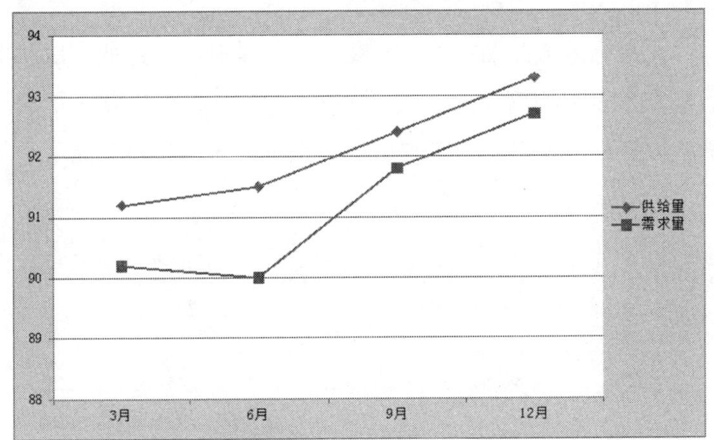

图1-1　2014年全球原油总供给与总需求（单位：百万桶/天）

数据来源：Wind，2015 年 2 月。

二、价格行情

2014 年 6 月，布伦特原油和美国西得克萨斯中级轻质原油（WTI）价格曾达到 111.62 美元 / 桶和 105.37 美元 / 桶的最高值。之后，国际油价一路下滑，开启“暴跌模式”。2014 年 12 月 30 日，布伦特原油和 WTI 价格分别为 55.83 美元 / 桶和 53.77 美元 / 桶，2014 年跌幅分别为 52% 和 50%。

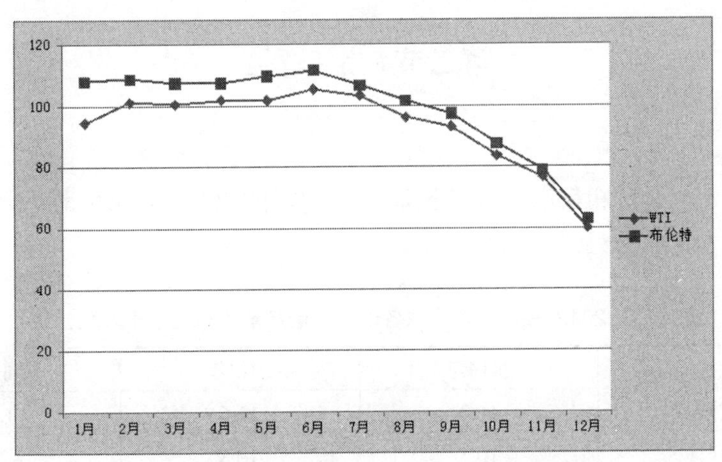

图1-2　2014年国际油价走势（单位：美元/桶）

数据来源：Wind，2015 年 2 月。

油价下跌将导致石油勘探开采环节的利润下降，美国石油公司已削减20%以上的资本支出，关闭了800座油井钻塔。此外，油价下跌有利于降低化工产业成本。化工产业链中游成品油加工业和化学原料及制品制造业，以及下游化学纤维制造业、橡胶制品业和塑料制品业等的生产成本降低，2014年6月以来，化工产品价格指数持续降低，精对苯二甲酸、丙烯和苯等有机产品下半年以来价格持续下跌。

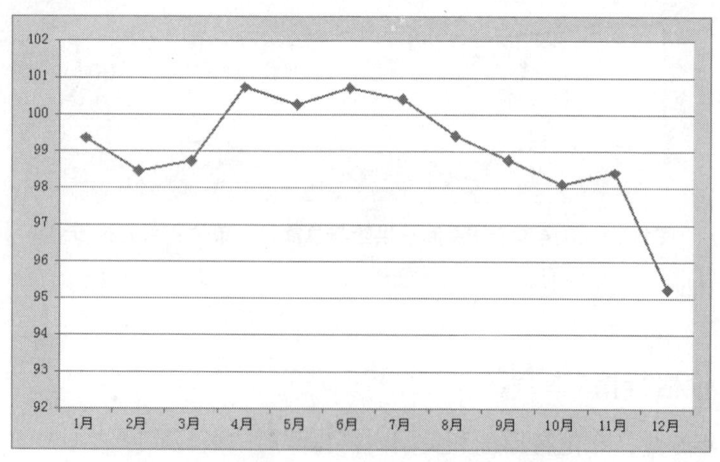

图1-3 2014年化工产品价格指数（单位：%）

数据来源：Wind，2015年2月。

第二节 钢铁行业

一、市场供给

2014年，全球粗钢产量略有下降，纳入统计的65个国家粗钢产量为16.4亿吨，同比下降0.78%。

表1-1 2013—2014年全球各地区粗钢产量（单位：千万吨，%）

地区	2014年	2013年	同比
欧洲	16.9	16.6	1.8
独联体	10.5	10.8	–2.9
北美	12.1	11.9	1.9
南美	4.5	4.6	–1.4

（续表）

地区	2014年	2013年	同比
非洲	1.6	1.6	–3.1
中东	2.8	2.7	4.1
亚洲	111.1	112.3	–1.1
大洋洲	0.6	0.6	–1.8
全球（扣除中国）	81.4	82.7	–1.6
全球	163.7	164.9	–0.78

数据来源：世界钢铁协会，2015 年 2 月。

从全球各地区粗钢生产情况看，2014 年全球粗钢产量 16.4 亿吨，其中亚洲地区粗钢产量 11.11 亿吨，占全球粗钢产量的 67.86%；欧洲地区粗钢产量 2.05 亿吨，占全球粗钢产量的 10.33%；北美洲和独联体粗钢产量分别为 1.21 万吨和 1.05 万吨，分别占全球粗钢产量的 7.39% 和 6.41%；南美洲、中东、非洲和大洋洲的粗钢产量分别占全球粗钢产量的 2.75%、1.71%、0.98% 和 0.37%。

从 2014 年粗钢主要生产国家来看，粗钢产量排在前 5 位的分别是中国、日本、美国、印度和韩国，其中中国粗钢产量占全球粗钢产量的 50.26%。

表 1–2 2014 年粗钢产量前 20 位国家和地区（单位：万吨，%）

排名	国家或地区	产量	占全球粗钢产量的比重
1	中国	82270.0	50.3
2	日本	11066.5	6.8
3	美国	8834.7	5.4
4	印度	8320.8	5.1
5	韩国	7103.6	4.3
6	俄罗斯	7065.1	4.3
7	德国	4294.6	2.6
8	土耳其	3403.5	2.1
9	巴西	3391.2	2.1
10	乌克兰	2717.0	1.7
11	意大利	2373.5	1.5
12	中国台湾	2325.0	1.4
13	墨西哥	1897.7	1.2

（续表）

排名	国家或地区	产量	占全球粗钢产量的比重
14	伊朗	1633.1	1.0
15	法国	1614.3	1.0
16	西班牙	1416.3	0.9
17	加拿大	1259.5	0.8
18	英国	1206.5	0.7
19	波兰	862.0	0.5
20	奥地利	785.9	0.5

数据来源：世界钢铁协会，2015 年 2 月。

二、价格行情

从全球钢材价格总体情况来看，2014 年钢材价格整体呈现震荡走低态势。2014 年第一季度，国际钢铁价格指数（CRU）震荡下行，由 1 月初的年内高点 168.33 点下跌至 3 月末的 164.75 点，进入第二季度，钢材市场进入弱势回调期，但回调停止在 4 月中上旬的 167 点，未能突破年初高点。进入 4 月中下旬，钢材市场重回震荡下行态势，并持续至 2014 年年末的 149.74 点，创下年内新低。由年初的年内高点到年末的年内低点，国际钢材价格指数下降了 18.59 点。

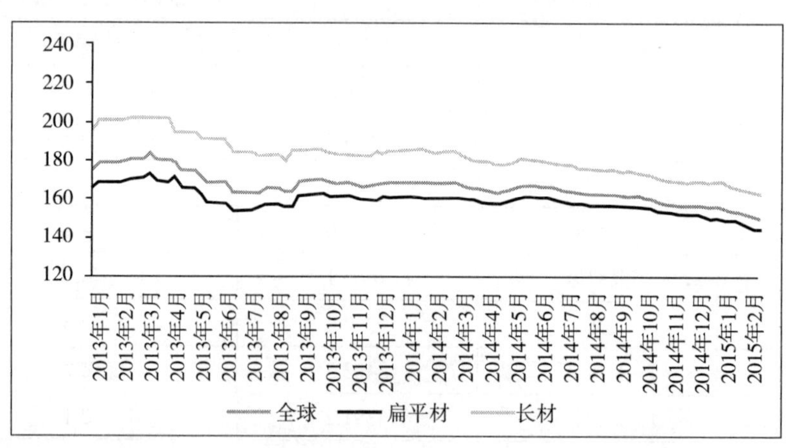

图1-4　2013年以来国际钢材价格指数（CRU）走势图

数据来源：Wind 数据库，2015 年 2 月。

分区域来看，亚洲钢材市场价格走势总体呈现震荡下行态势。2014 年年初，亚洲市场钢材价格指数 169.21 点，此后市场持续震荡小幅下行直至 3 月中下旬出现止跌回升现象，但好景不长，进入 4 月份钢材价格再次出现下跌，至 2014 年年末亚洲市场钢材价格指数跌至 143.84 点，较年初下降了 25.37 点。从欧洲市场看，钢材价格走势与亚洲市场有相同之处，总体而言价格也呈现震荡下行，但降幅较亚洲市场相比较窄。2014 年 1 月，欧洲市场表现不同于亚洲市场，呈现小幅上涨，并在 1 月下旬创下年内最高的 160.25 点，此后价格震荡下行，到 2014 年年底欧洲市场钢材价格指数跌至 145.07 点，较年内高点下降 15.18 点。从北美市场看，钢材价格走势与欧洲和亚洲市场差异较大，总体呈现“涨—跌—涨—跌”的态势。2014 年 1 月，欧洲市场钢材价格小幅上涨，进入 2 月钢材价格开始下滑并在 3 月中旬达到阶段性新低 173.27 点，此后价格开始了长达 2 个月的反弹期并在 5 月中旬创下年内最高点 183.81 点，此后价格呈现窄幅震荡下行，在年末创下年内最低点 168.13 点。

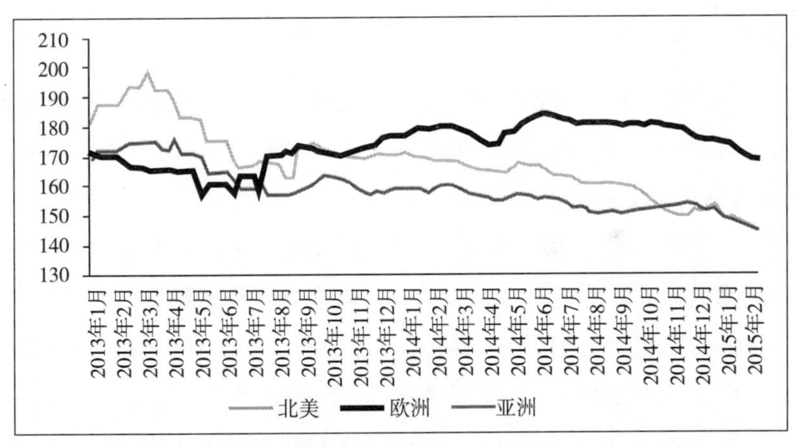

图1–5　2013年以来各地区钢材价格指数（CRU）走势图

数据来源：Wind 数据库，2015 年 2 月。

第三节　有色行业

一、铜行业

铜精矿方面，受益于前两年大型铜矿山的陆续投产，智利、中国、秘鲁、刚果（金）等主要铜精矿生产国的产量不断增加。国际铜业研究组织（ICSG）数据显示，2014 年，全球铜矿产能为 2182 万吨，产量为 1834 万吨，较 2013 年均有所增长，铜矿产能利用率为 84.1%，较 2013 年的 86.9% 下降 2.8 个百分点。

精炼铜方面，在铜矿投产的带动下，精炼铜产量不断增加。ICSG 数据显示，1—12 月全球精炼铜产量为 2256 万吨。受中国、日本、中国台湾、韩国等铜需求增长带动，1—12 月全球精炼铜消费量为 2304 万吨，供需缺口达到 47.5 万吨，较 2013 年的 27 万吨缺口有所扩大；全球精炼铜库存量为 134 万吨，较 2013 年增加 0.5 万吨。

铜价方面，LME 当月期铜 2014 年 1 月价格为 7294 美元 / 吨，12 月价格为 6422 美元 / 吨，均价为 6859 美元 / 吨，较 2013 年下降 6.37%。分阶段来看，1—3 月，受美国货币政策趋紧，美联储缩减 QE 规模影响，铜价不断下跌。4—7 月，随着铜消费旺季的到来，铜消费逐渐增加，铜价缓慢上涨。8—12 月，受美元指数不断上涨，美联储加息预期强化，铜主要消费国中国经济增速放缓等因素影响，铜价不断下降。

二、铝行业

世界金属统计局（WBMS）数据显示，2014 年，全球原铝供应 4970 万吨，原铝需求量为 5055 万吨，较 2013 年增加 349.3 万吨，原铝供应缺口为 84.9 万吨，而 2013 年同期为供应过剩 56.9 万吨。

全球铝价先降后涨。2014 年年初，受美国紧缩货币政策和中国经济增长放缓预期影响，铝价不断走低。3 月开始，随着全球经济逐渐好转，特别是美国经济复苏势头强劲影响，铝价开始逐步上涨，涨势延续到 8 月，达到 2030 美元 / 吨。9 月开始，受美联储退出 QE、中国经济下行风险加大等因素影响，铝价开始不断下降，12 月价格为 1913 美元 / 吨。2014 年，LME 现货铝均价为 1866 美元 / 吨，较 2013 年上涨 1.1%。

三、铅行业

世界金属统计局（WBMS）数据显示，2014 年，全球精炼铅产量为 1030.7 万吨，较 2013 年下降 2.4%；精炼铅需求量为 1027.7 万吨，较 2013 年减少了 37.1 万吨；全球精炼铅供应过剩 3.05 万吨，而 2013 年为供应短缺 8.6 万吨。

全球铅价呈现下跌—上涨—下跌的走势。2014 年一季度，LME 当月铅价不断下降，从 1 月的 2148 美元 / 吨下降到 3 月的 2056 美元 / 吨；4—8 月，铅价不断上涨，8 月价格为 2236 美元 / 吨。9—12 月，在市场对美联储加息预期增强、中国经济数据疲弱等因素影响，铅价不断走低，12 月价格为 1945 美元 / 吨。2014 年全年 LME 当月铅均价为 2096 美元 / 吨，较 2013 年下降 2.1%。

四、锌行业

国际铅锌研究组织（ILZSG）数据显示，2014 年，全球精炼锌产量为 1351.3 万吨，同比增长 5%，其中亚洲仍然是精炼锌产量最大的地区，欧洲是精炼锌产量第二大地区。精炼锌消费量为 1380.9 万吨，同比增长 6.5%，其中亚洲地区锌消费量最大，得益于中国锌消费量的增长。2014 年，全球精炼锌供给短缺 29.6 万吨。

全球锌价格呈现“跌—涨—跌”的态势。一季度 LME 锌现货价格不断下降，从 1 月的 2039 美元 / 吨下降到 3 月的 2014 美元 / 吨；二季度开始，锌价格不断走高，从 4 月的 2029 美元 / 吨，上涨到 8 月的 2328 美元 / 吨；9 月开始，锌价格不断下降，12 月锌现货价格为 2171 美元 / 吨。2014 年全年 LME 锌现货均价为 2161 美元 / 吨，较 2013 年上涨 13.2%。

第四节　建材行业

一、水泥行业

2014 年全球水泥市场较之 2013 年情况明显有所好转，随着全球经济逐渐复苏、建筑项目投入增加，全球水泥市场整体利好。新兴市场蓬勃发展，如印度、巴西等，北美、欧洲等成熟水泥市场也开始逐渐复苏，汇率下降和货币贬值成为影响业绩的最大因素。从水泥消费量来看，中国依然名列第一，印度和美国紧随其后。

亚洲地区的水泥产量居全球第一，除中国外，水泥行业整体呈现扩张趋势，印度成为世界第二大水泥生产国，目前印度水泥行业的发展重点转变为使生产标准、安全标准和能源效率达到国际化水平，也已经开始利用新技术来提高水泥产能和增加水泥产品种类，同时印度的房屋建设工程项目的增加也将进一步推动水泥行业的发展，预计 2014 年印度水泥市场复合增长率约为 8%。

2014 年美国经济缓慢复苏，据国际货币基金组织预测，美国的 GDP 增速将达 2.8%，美国的水泥工业恢复速度虽然落后于其经济复苏，但受经济环境日趋稳定、住宅项目增多等因素影响，2014 年美国的水泥消费量仍保持约 8.2% 的增速。

欧洲水泥市场也开始逐渐复苏，其中西班牙的水泥消费量达到1089万吨左右，自2007年第一次实现正比增长，涨幅为0.4%，水泥产量1391万吨，同比增长5.4%，出口量960万吨，同比增长31.6%。全球三大水泥巨头之一的CRH在欧洲市场的表现也非常抢眼，在欧洲的产品业务销量同比上升16%。

2014年俄罗斯水泥市场也表现良好，根据俄罗斯建筑用水泥市场营销调研显示，俄罗斯水泥生产指数年均增长10%—12%，其中中央联邦地区的水泥产量占四分之一左右。2014年俄罗斯水泥出口市场也表现良好，共出口水泥、砂浆及混凝土添加剂7000多万吨，实现同比增长66%。

以往南美洲水泥消费量占全球比例较低，相比其他新兴市场其增长速度也较慢，2014年受益于住房短缺和基础设施建设发展的增长，水泥消费量开始大幅上升，其中巴西作为南美洲最大的水泥生产国和消费国，世界杯和奥运会的举办为巴西水泥工业带来新的发展机遇，目前巴西已经成为仅次于美国、印度和中国的第四大水泥消费国。

二、平板玻璃行业

2014年全球平板玻璃产量稳步提升，一方面建筑市场对平板玻璃的需求依然是其最大来源，另一方面是新兴电子产业及太阳能产业的发展对玻璃的需求上涨，其中太阳能市场成为平板玻璃需求增长最为快速的市场。

亚洲及太平洋地区是平板玻璃最大的区域市场，也是增长速度最快的市场，其中中国、印度、印度尼西亚、泰国和越南是增长速度最快的六个国家。中国作为全球平板玻璃产量和消费量大国，消费量约占该地区消费总量的60%以上，其次是日本，受金融危机影响日本的平板玻璃消费量增速较为缓慢，但目前正在逐渐恢复对平板玻璃需求的正增长。

受益于经济缓慢复苏，北美和欧洲地区的平板玻璃市场表现出强劲的需求增幅，但是由于平板玻璃生产力及业务开始逐渐向发展中地区转移，受此影响，北美洲和欧洲的需求量增幅并不大，中美洲、南美洲、亚洲、中东地区等发展中地区的平板玻璃需求涨幅明显；东欧地区，机动车辆产量的增加带动了平板玻璃消费提升。

第五节　稀土行业

一、全球稀土生产情况

随着全球稀土供应多元化的发展，中国以外地区的加工产能也不断扩大，2014年，中国以外地区的稀土供应量至少为3.755万吨（换算成REO氧化物，下同），同比大幅增长2.2倍，世界稀土供应量约为14.755万吨。中国以外的稀土生产商主要有Molycorp、Lynas等4家公司，Lynas公司的一期和二期设备年产能均为1.1万吨，一期已于2013年6月底开始满负荷生产，Molycorp和Lynas公司一期设备在2014年的产量将达到3万吨。此外哈萨克斯坦SARECO公司和印度Indian Rare Earths公司也相继于2013年下半年开始生产，2014年产量分别为1500吨和4000吨。

二、全球稀土分布供应

全球稀土资源丰富，目前已发现矿床和矿化点达800余个，主要分布于中国、美国和原苏联等国家。根据美国地质调查局数据统计，2014年全球稀土资源储量较2013年有所变化。2014年，全球稀土资源储量下降到1.3亿吨。其中，中国稀土储量为0.55亿吨，占全球的42.3%；巴西稀土储量为0.22亿吨，占全球的16.9%；美国稀土资源储量减少为0.018亿吨，占全球的1.4%；澳大利亚稀土资源储量增加为0.032亿吨，占全球的2.5%；印度稀土资源储量为0.031亿吨，占全球的2.4%；其他国家稀土资源储量占全球的34.5%。

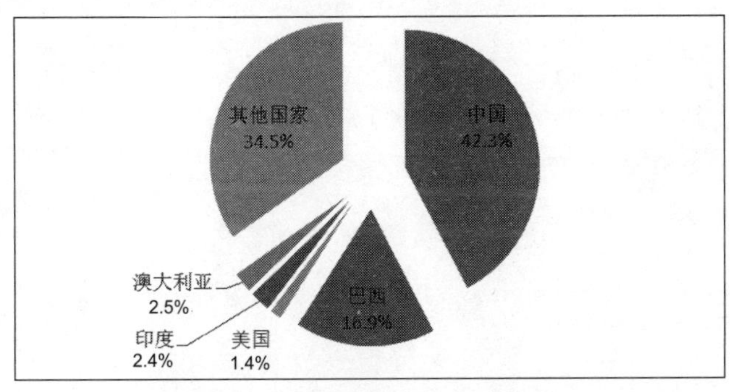

图1-6　2014年全球稀土储量分布

数据来源：美国地质调查局，2015年2月。

三、全球稀土消费情况

2013 年，全球稀土消费量达到 12.4 万吨，平均年增长率达到 3.9%，其中中国、美国、日本及东南亚和欧洲等国家为主要稀土消费国。2013 年，中国稀土消费量为 7.94 万吨，占全球的 64%；日本及东南亚稀土消费量为 2.36 万吨，占全球的 19%；美国稀土消费占比为 9%；欧洲稀土消费占比为 8%。

从具体稀土应用领域来看，2013 年，稀土磁体仍是稀土应用占比最大的领域，稀土永磁体消费量达到 2.85 万吨，占比达到 24%；第二位的是稀土催化剂，占比为 21%；稀土金属合金和抛光粉占比分别为 18% 和 15%；同时，其他应用领域包括荧光粉、玻璃、陶瓷等。

第二章 2014年中国原材料产业发展状况

2014 年，我国经济下行压力明显增大，经济增长转向中高速，我国经济正全面向新常态转换。在新常态下，我国工业经济效益总体上呈平稳运行态势，2014 年我国国内生产总值达 63.65 万亿元，首次超过 60 万亿元，全国财政收入 140350 亿元，同比增长 8.6%；全国规模以上工业企业实现利润总额 64715.3 亿元，同比增长 3.3%；主营业务收入利润率为 5.91%。总体上看，工业利润仍保持一定增长，全年主营业务收入利润率基本稳定。在此背景下，我国原材料行业生产运行总体平稳，但增速放缓，固定资产投资规模增速下滑，出口平稳增长，进口略微下降，产品价格低位震荡，行业盈利能力有所下降。

第一节 基本情况

一、生产保持平稳发展

2014 年原材料生产保持平稳发展。工业增加值同比增长 8.3%，较 2013 年下降 2 个百分点，其中钢铁、石化、建材、有色行业增长分别为 7.2%、7.2%、9.6% 和 11.4%。大部分产品增速回落，全年粗钢、水泥、乙烯、十种有色金属产量 8.23 亿吨、24.8 亿吨、1704 万吨和 4417 万吨，比 2013 年分别回落 6.6、7.8、0.9、2.7 个百分点。

从主要产品产量来看，硫酸、烧碱、乙烯等化工产品产量持续增加，其中硫酸、烧碱增速高于去年同期；生铁、粗钢、钢材产量继续保持增长，但增速远低于去年同期；十种有色金属产量持续增加，增速较 2013 年同期下降 2.71 个百分点；水泥、平板玻璃等建材产品产量增速也均低于 2013 年同期。全年原材料工业增加值增速为8.27%，较2013年下降2个百分点。

表2-1 2014年我国主要原材料产品产量及增长率

主要产品	产量（万吨）	同比增速（%）	2013年同比增速（%）
硫酸	8846	6.8	5.8
烧碱	3180	7.9	6.6
乙烯	1704	7.6	8.5
生铁	71160	0.5	6.2
粗钢	82270	0.9	7.5
钢材	112557	4.5	11.4
十种有色金属	4417	7.2	9.9
水泥（亿吨）	24.8	1.8	9.6
平板玻璃（亿重量箱）	7.9	1.1	11.2

数据来源：国家统计局，2015年1月。

二、固定资产投资情况

2014年我国原材料工业固定资产投资总量持续扩大，细分行业投资增速出现不同程度放缓，部分行业投资同比增速甚至下降。分行业来看，化学原材料和化学制品业投资增速较2013年同期下降6.64个百分点；钢铁行业投资增速为–3.7%，其中冶炼行业投资增速为–5.9%；有色金属矿采选业投资增速为2.9%，冶炼和压延加工业同比增速较2013年同期下降16.5个百分点；非金属矿采选业投资增速同比放缓，非金属矿物制品业投资增速小幅增加。

表2-2 2014年我国原材料工业固定资产投资及增长率

行业	绝对量（亿元）	同比增长（%）	2013年同比增速（%）
化学原料和化学制品制造业	14584	10.5	17.14
黑色金属矿采选业	1690	2.6	10.39
黑色金属冶炼和压延加工业	4789	–5.9	–2.06
有色金属矿采选业	1636	2.9	19.72
有色金属冶炼和压延加工业	5770	4.1	20.6
非金属矿采选业	2047	13.9	14.43
非金属矿物制品业	15867	15.6	14.81

数据来源：国家统计局，2015年1月。

三、进出口贸易情况

2014 年 1—12 月，在支持外贸稳定增长政策带动下，我国外贸形势有所改善，出口平稳增长，进口略微下降，主要原材料产品出口继续保持增长。其中钢材出口 9378 万吨，同比增长 50.5%，增速远高于 2013 年同期 11.9% 的水平；未锻造的铝及铝材出口 433.5 万吨，同比增长 19.2%，高于 2013 年同期水平。进口方面，进口钢材 1443 万吨，同比增长 2.5%，低于 2013 年同期 3.1% 的水平；进口未锻造的铝及铝材 85.3 万吨，同比下降 11.4%，2013 年同期为 -17.7%。

四、产品价格走势

2014 年 1—12 月，主要原材料产品价格低位震荡。钢材价格受产能过剩影响，处于历史较低水平。石化产品中纯碱价格下半年来总体呈上涨态势，尿素价格略微回落；天然橡胶价格不断走低，且低于 2013 年同期水平。有色产品价格总体震荡调整，铜、铅价格震荡走低；铝、锌价格震荡走高，但铝价格低于 2013 年同期水平。水泥价格今年以来一直不断下跌，但总体略好于 2013 年同期水平。

表 2-3　2014 年 1—12 月我国部分原材料产品价格变化（单位：元 / 吨）

产品	钢铁协会CSPI钢材综合价格指数	尿素	纯碱（重灰）	天然橡胶（SCR5）	铜	铝	水泥
1月	97.49	1690	1600	16120	51712	13749	355
2月	96.46	1680	1650	15260	50403	13161	353
3月	94.83	1570	1670	14760	46343	12629	336
4月	95.97	1520	1560	14540	47730	12894	341
5月	94.27	1490	1570	13660	50027	13165	338
6月	92.99	1520	1590	13830	49623	13285	326
7月	91.88	1530	1595	13750	51077	13589	321
8月	90.63	1590	1590	13050	50377	14076	318
9月	86.35	1610	1594	12950	49566	14483	315
10月	86.4	1600	1600	10700	48305	13773	316
11月	85.29	1580	1620	11420			312
12月	83.09						316

数据来源：赛迪智库整理，2015 年 1 月。

五、盈利能力有所下降

2014 年，除金属矿采选业和钢铁行业利润同比下降，其他行业利润均出现不同程度增长。受铁矿石、金属矿价格下跌影响，黑色金属矿采选业和有色金属矿采选业利润分别同比下降 23.9% 和 10.7%。较 2013 年相比，除有色行业以外，其他行业的利润增速均有所下降。

表 2–4　2014 年我国原材料行业利润及增长率（单位：亿元，%）

	2014年		2013年		2014年增速较2013年提高
	利润总额	同比增长	利润总额	同比增长	
黑色金属矿采选业	801.2	–23.9	1050	1.8	–25.7
有色金属矿采选业	563.4	–10.7	628	–17.2	6.5
非金属矿采选业	392.4	0	389.9	11	–11.0
化学原料和化学制品制造业	4146.8	1.7	4113.3	11	-9.3
化学纤维制造业	277.3	11.2	259.8	18.3	–7.1
橡胶和塑料制品业	1782	2.8	1716.3	18.3	–15.5
非金属矿物制品业	3924.6	3.9	3756.8	19.1	–15.2
黑色金属冶炼和压延加工业	1647.2	–2.7	1695	44.1	–46.8
有色金属冶炼和压延加工业	1490	2.5	1445.4	0.1	2.4

数据来源：国家统计局，2015 年 2 月。

从原材料行业主营业务销售利润率看，除化学纤维制造业的盈利能力有所提高以外，其他行业盈利能力均呈现不同程度的下降，其中金属冶炼和加工业销售利润率不足 3%。

表 2-5　2014 年我国原材料行业主营业务销售利润率（单位：%）

	2014年	2013年	2014年较上年提高
黑色金属矿采选业	8.0	11.2	–3.2
有色金属矿采选业	9.1	11.0	–1.9
非金属矿采选业	7.7	9.1	–1.4
化学原料和化学制品制造业	4.7	5.6	–0.8
化学纤维制造业	3.5	3.0	0.5
橡胶和塑料制品业	6.0	6.6	–0.6
非金属矿物制品业	6.6	7.8	–1.2
黑色金属冶炼和压延加工业	2.3	2.5	–0.2
有色金属冶炼和压延加工业	2.8	2.9	–0.1

数据来源：国家统计局，2015 年 2 月。

第二节　工作进展

一、淘汰落后产能

按照《国务院关于化解产能严重过剩矛盾的指导意见》以及《国务院关于进一步加强淘汰落后产能工作的通知》的部署，工业和信息化部（以下简称工信部）落实《政府工作报告》确定的 2014 年淘汰落后产能任务，具体为：炼钢 2870 万吨、炼铁 1900 万吨、铁合金 234.3 万吨、焦炭 1200 万吨、电解铝 42 万吨、电石 170 万吨、铅（含再生铅）冶炼 11.5 万吨、铜（含再生铜）冶炼 51.2 万吨、平板玻璃 3500 万重量箱、水泥（熟料及磨机）5050 万吨、造纸 265 万吨、化纤 3 万吨、制革 360 万标张、稀土（氧化物）10.24 万吨、印染 10.84 亿米、铅蓄电池（极板及组装）2360 万千伏安时。与确定的淘汰目标相比，水泥行业完成任务超 850 万吨、钢铁行业超 170 万吨。其他行业任务完成量与 2013 年相比也有大幅度提高。

二、技术创新

2014 年原材料行业技术创新步伐加快。如钢铁行业新技术、新产品开发的不断突破，有力支撑我国装备制造业和重大工程发展。2014 年，钢铁企业进一步加快了技术创新步伐，中集集团成功采用宝钢 BW300TP 新型耐磨钢生产搅拌车，延长机械服役寿命两倍以上；太钢填补国内空白，生产出最薄0.02毫米的精密带钢产品；武钢无取向硅钢在全球单机容量最大的向家坝800兆瓦大型水轮发电机上实现应用；鞍钢核岛关键设备、核电配套结构件和核反应堆安全壳三大系列核电用钢成功应用于世界首座第三代核电项目CAP1400；宝钢牵头的“600℃超超临界火电机组钢管创新研制与应用”获得国家科技进步一等奖。此外建材行业精细陶瓷、耐高压复合材料气瓶、闪烁晶体等产业化技术也实现重大突破。

三、节能减排

原材料工业能源消耗指标和主要污染物排放均有所下降，节能降耗水平进一步提高。如重点大中型企业吨钢综合能耗同比下降1.2%，总用水量下降0.6%，吨钢耗新水下降0.5%，外排废水总量下降5%，二氧化硫排放下降16%，烟粉尘排放下降9.1%；化工行业电石、烧碱、乙烯综合能耗分别下降5.5%、3.2%和2.2%；建材行业脱硫、脱硝、除尘技术加速应用，水泥窑协同处置发展势头良好；有色金属行业铝锭综合交流电耗下降144千瓦时/吨。

四、两化融合

2014年，我国原材料工业的两化融合工作得到进一步推动，工信部颁发《原材料工业两化深度融合推进计划(2015—2018年)》，制定了详细的原材料工业两化融合工作方案。近年来，信息技术的普及应用，对原材料工业的快速健康发展发挥了重要作用。目前，原材料工业广泛采用制造执行系统(MES)、企业资源计划(ERP)等两化融合技术，关键工艺流程数控化率、大中型原材料企业数字化设计工具普及率分别达到60%和70%。原材料工业两化融合正在由单项应用转向综合集成提升和整合创新，中石油、中石化、宝钢等特大型企业正逐步向智能化转型，但与国际先进水平相比，我国原材料工业两化融合深度仍不足，政策标准建设滞后、公共服务平台缺失、关键核心软件装备受制于人、企业信息化投资不足、重视程度不够、复合型人才缺乏等问题仍比较突出。

行 业 篇

第三章　石化行业

第一节　基本判断

一、市场供需分析

2014 年，我国原油产量 21142.90 万吨，同比增加 0.94%，天然气产量 1234.00 亿立方米，同比增加 9.26%；消费方面，2014 年我国原油表观消费量为 51787.64 万吨，同比增加 6.02%，天然气表观消费量为 1804.26 亿立方米，同比增加 10.59%。

2014 年主要化工产品产量稳中有升。2012 年以来，我国硫酸、烧碱等产品产量增长率持续增加，分别由 2012 年的 4.80% 和 3.80% 增加到 2014 年的 6.80% 和 7.90%。2014 年，硫酸和烧碱的产量分别为 8846.30 万吨和 3180.10 万吨；2014 年，乙烯累计产量达 1704.40 万吨，同比增加 7.60%，比 2013 年 8.53% 的增长率略有下降；随着我国甲醇产能的不断释放，2014 年甲醇产量达 3740.67 万吨，同比上涨 26.19%；2010 年以来，合成橡胶产量持续增加，由 2010 年的 310.00 万吨增长到 2014 年的 532.39 万吨；2014 年我国涂料产量再创新高，达到 1648.2 万吨。

2014 年主要化工产品消费量呈分化发展，部分产品消费量下滑。2010 年以来，硫酸和烧碱的表观消费量持续增加，分别由 2010 年的 7197.83 万吨和 1934.11 万吨增长到 2014 年的 8982.1 万吨和 2979.9 万吨，增长率分别为 24.79% 和 54.1%；2014 年乙烯、甲醇、合成橡胶和涂料等产品的表观消费量进一步增加，分别为 1853.70 万吨、4098.97 万吨、660.91 万吨和 1646.99 万吨，同比增长 3.39%、24.70%、21.93% 和 26.33%；2014 年苯表观消费量为 788.23 万吨，同比下降 1.89%。

表 3-1　2014 年主要化工产品生产情况（单位：万吨，%）

产品	生产情况		消费情况	
	产量	同比增长	消费量	同比增长
硫酸	8846.3	6.8	8982.1	9.6
氢氧化钠	3180.1	7.9	2979.9	12.5
碳酸钠	2514.7	3.5	2340.6	2.6
电石	2547.9	12.9	2531.0	14.0
乙烯	1704.4	7.6	1853.7	3.4
纯苯	735.6	2.6	788.2	-1.9
精甲醇	3740.7	26.2	4099.0	24.7
合成橡胶	532.4	10.0	660.9	21.9
合成纤维单体	2282.9	6.0	3274.7	-6.3
合成纤维聚合物	1721.2	0.7	1607.7	-1.6
合成树脂	6950.7	10.3	9651.5	13.0
轮胎	11.14亿条	6.3	—	—
涂料	1648.2	7.9	1647.0	26.3
化学农药	374.4	1.4	—	—
磷肥	1669.9	2.6	—	—
钾肥	610.5	13.6	—	—
氮肥	4651.7	-3.4	—	—

数据来源：Wind，2015 年 2 月。

二、行业投资情况

2014 年，石油和化学工业固定资产投资完成额继续增加，但是增长幅度大幅下滑。2014 年石油和化学工业固定资产投资完成额累计达 23291.10 亿元，同比增长 10.71%。其中，天然原油和天然气开采业固定资产完成额为 4023.03 亿元，石油加工、炼焦及核燃料加工业为 3239.77 亿元，化学原料及化学制品制造业为 14584.08 亿元，化学纤维制造业 1081.16 亿元，橡胶和塑料制品业为 5914.44 亿元，增速均大幅回落。

2014 年，石油和化学工业施工项目合计为 18281 个，较 2013 年的 17903 个施工项目略有增加。

表 3-2　固定资产投资完成额（亿元，%）

行业	2014年		2013年
	投资完成额	累计同比（增长）	累计同比增长
天然原油和天然气开采业	4023.0	6.1	23.7
石油加工、炼焦及核燃料加工业	3239.8	7.1	19.4
化学原料及化学制品制造业	14584.1	10.5	17.1
化学纤维制造业	1081.2	3.1	21.8
橡胶和塑料制品业	5914.4	13.2	20.6

数据来源：Wind，2015 年 2 月。

三、产品价格走势

2014 年，硫酸、纯碱和尿素等无机产品价格较为稳定，分别维持在 400 元 / 吨、1600 元 / 吨和 1500 元 / 吨左右；片碱、电石、甲醇、聚氯乙烯、聚合 MDI 和天然橡胶等产品市场价格呈震荡下行趋势。受国际油价大幅下跌等因素影响，精对苯二甲酸、丙烯和苯等有机产品下半年以来价格持续下跌，分别由 2014 年最高位的 7610 元 / 吨、10700 元 / 吨和 9720 元 / 吨跌至 5680 元 / 吨、7580 元 / 吨和 5520 元 / 吨，跌幅分别为 25.36%、29.16% 和 43.21%。受下游需求拉动，2014 年丙烯腈价格震荡上行。

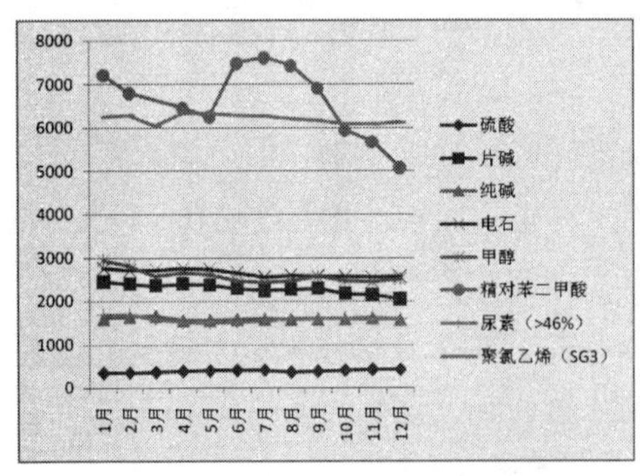

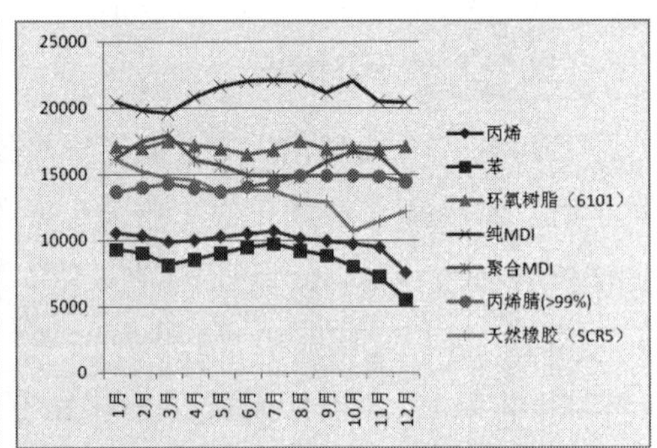

图3-1　主要化工产品价格（单位：元/吨）

数据来源：Wind，2015 年 2 月。

四、经济效益分析

2014 年，我国石油和化工行业效益大幅下滑。石油和天然气开采业和石油加工、炼焦及核燃料加工业主营业务收入和利润均呈负增长，其中，石油和天然气开采业主营业务收入和利润分别下降 0.63% 和 13.71%，石油加工、炼焦及核燃料加工业主营业务收入和利润分别下降 0.58% 和 79.24%。与 2013 年相比，化学原料及化学品制造业、化学纤维制造业及橡胶和塑料制品制造业的主营业务收入增长率分别下降 4.36%、5.00% 和 5.23%，利润增长率下降更大，分别为 9.28%、7.05% 和 15.45%。

表 3–3 石化化工行业经营情况（单位：个，亿元，%）

行业	企业单位数	资产总计		主营业务收入		利润	
		累计值	同比增长	累计值	同比增长	累计值	同比增长
石油和天然气开采业	144	20370.9	7.0	11556.0	–0.6	3162.0	–13.7
石油加工、炼焦及核燃料加工业	2024	23555.5	1.6	40304.3	–0.6	97.3	–79.2
化学原料及化学品制造业	24522	66586.2	9.9	82780.0	8.5	4146.8	1.8
化学纤维制造业	1938	6454.7	5.2	7211.9	3.5	277.3	11.2
橡胶和塑料制品制造业	17151	19869.1	10.3	29569.9	8.0	1782.0	2.8

数据来源：Wind，2015 年 2 月。

五、进出口贸易情况

具体行业来看，2014 年石油和天然气开采业出口交货值较 2013 年大幅上涨 21.60%，达 21.10 亿元；石油加工、炼焦及核燃料加工业的出口交货值增速大幅降至 5.08%，全年累计出口交货值为 554.03 亿元；化学原料及化学制品制造业出口交货值增速超 10%，全年出口交货值累计为 4390.57 亿元；而化学纤维制造业以及橡胶和塑料制品业出口交货值仍维持在 5% 以下。

表 3–4　2014 年石化化工行业出口交货值（单位：亿元，%）

行业	2014年		2013年
	累计值	同比增长	同比增长
石油和天然气开采业	21.1	21.6	–51.8
石油加工、炼焦及核燃料加工业	554.0	5.1	43.8
化学原料及化学制品制造业	4390.6	10.1	8.0
化学纤维制造业	472.7	3.1	4.1
橡胶和塑料制品业	3874.1	3.8	3.0

数据来源：Wind，2015 年 2 月。

受国际油价下跌等因素影响，2014 年我国原油和天然气进口量进一步增加，出口量进一步降低。我国原油对外依存度由 2013 年的 57.39% 增加到 2014 年的 59.43%，天然气对外依存度由 2013 年的 30.78% 增加到 2014 年的 31.61%。2014 年我国全年累计进口原油 30837.66 万吨，同比增长 9.50%，进口金额达 2283.12 亿美元，同比增长 3.90%；全年累计出口原油 60.02 万吨，同比下降 62.90%，出口金额 4.90 亿美元,同比减少 66.30%。2014 年天然气累计进口量为 4290.40 万吨，同比增长 12.61%，进口金额达 238.58 亿美元，同比增长 16.38%；全年累计出口天然气 189.06 万吨，同比下降 4.94%，出口金额为 10.47 亿美元，同比增加 5.79%。

具体产品来看，硫酸、对二甲苯、合成树脂和肥料等产品进口量进一步增加，其中对二甲苯和合成树脂进口量分别为 997.27 万吨和 3215.30 万吨，对外依存度分别为 52.9% 和 28.0%；乙烯、苯、甲醇、合成橡胶和合成纤维单体等产品进口量进一步减少。

表 3–5　主要化工产品进出口数量（单位：万吨，%）

产品	进口		出口		对外依存度	
	累计	同比增长	累计	同比增长	2014年	2013年
硫酸	140.5	21.6	4.4	3271.8	1.5	1.4
氢氧化钠	1.1	2.9	201.2	–2.9	–6.7	–7.8
碳酸钠	5.0	25.2	179.1	6.8	–7.4	–6.5
电石	0.0	0.0	16.9	20.6	–0.7	–0.6
乙烯	149.7	–12.1	0.0	—	8.1	9.5

（续表）

产品	进口		出口		对外依存度	
	累计	同比增长	累计	同比增长	2014年	2013年
纯苯	60.1	–32.2	7.5	140.8	6.7	10.7
对二甲苯	997.3	10.2	10.4	–42.9	52.9	—
甲醇	433.2	–10.8	74.9	–3.0	8.7	12.4
合成橡胶	148.3	–2.9	19.8	–7.8	19.5	24.6
合成纤维单体	1038.7	–13.6	46.9	253.2	30.3	34.0
合成纤维聚合物	140.4	12.5	253.9	16.6	–7.1	–5.7
合成树脂	3215.3	2.9	514.5	22.6	28.0	31.7
涂料	18.5	2.4	19.7	11.1	–0.1	0.0
农药	9.3	20.3	116.1	6.0	—	—
肥料	958.9	21.0	2968.3	52.4	—	—

数据来源：Wind，2015 年 2 月。

第二节　需要关注的几个问题

一、行业运行成本增加

随着能源、资金和物流等成本的上涨，我国石油和化学工业运行成本进一步增加。其中，2014 年化学原料及化学制品制造业财务费用达 1179.94 亿元，上涨 22.26%，石油加工、炼焦及核燃料加工业财务费用达 451.74 亿元，上涨 21.92%。

表 3–6　行业财务费用（单位：亿元，%）

行业	2014年		2013年
	累计值	同比增长	同比增长
石油和天然气开采业	159.5	13.0	26.3
石油加工、炼焦及核燃料加工业	451.7	21.9	6.3
化学原料及化学制品制造业	1179.9	22.3	8.2
化学纤维制造业	129.8	16.4	–6.8
橡胶和塑料制品业	291.0	7.1	6.3

数据来源：Wind，2015 年 2 月。

二、产品创新能力不强

由于我国石化化工行业创新能力不强，造成我国低端产品面临产能过剩的压力，而另一方面，我国高端产品供给严重不足，对外依存度高。例如，2014 年我国累计进口对二甲苯和合成树脂分别为 997.27 万吨和 3215.30 万吨，对外依存度分别为 52.9% 和 28.0%。

三、安全环保压力增加

针对化工行业安全事故时有发生的情况，2014 年国务院通过了《石化产业规划布局方案》，调整优化产业布局。此外，石油和化学工业“三废”排放位于工业行业前列，2014 年环境保护部下发了制定《石油化学工业污染物排放标准》和《陆上石油天然气开采工业污染物排放标准》两项国家标准，加强行业管理和约束。

第四章　钢铁行业

第一节　基本判断

一、市场供需分析

（一）生产情况

2014 年，中国生铁、粗钢和钢材产量分别为 7.12 亿吨、8.23 亿吨和 11.26 亿吨，同比增速分别为 0.5%、0.9% 和 4.5%，增速较 2013 年分别降低了 5.7、6.6 和 6.9 个百分点。预计 2015 年随着新增产能的减少和下游消费增速放缓的影响，粗钢产量将与 2014 年基本持平或小幅增长。

表 4-1　2014 年全国冶金企业主要产品产量（单位：万吨，%）

	2014年产量	2013年产量	2014年同比增长	2013年同比增长	较上年提高（个百分点）
粗钢	82270	81541	0.9	7.5	–6.6
生铁	71160	70826	0.5	6.2	–5.7
钢材	112557	107748	4.5	11.4	–6.9
焦炭	47691	47636	0.0	8.1	–8.1
铁矿石原矿量	151424	145738	3.9	9.9	–6.0
铁合金	3786	3606	5.0	14.7	–9.7

数据来源：国家统计局，2015 年 2 月。

从钢材产品结构看，2014 年，板带材产量 4.77 亿吨，占钢材总产量的比重为 42.4%，较 2013 年相比提高了 0.2 个百分点；长材产量 5.2 亿吨，占钢材总产量的比重为46.0%，较2013年相比下降了0.6个百分点；管材产量0.89亿吨，占钢材总产量的比重为7.9%，较2013年相比提高了0.07个百分点；铁道用钢材产量0.06亿吨，占钢材总产量的比重为0.5%，较2013年相比提高了0.06个百分点。

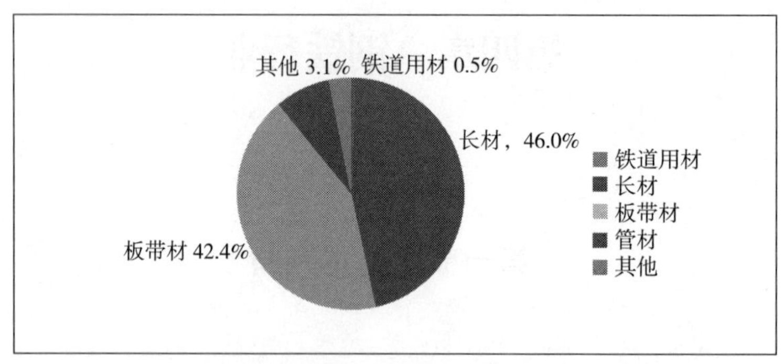

图4-1　2014年中国钢材产品结构

数据来源：赛迪智库原材料工业研究所整理，2015年2月。

从钢材分品种产量看，2014年，除了铁道用材、中小型钢、热轧薄板和中厚宽钢带的累计产量出现下降以外，其他钢材品种产量均呈现不同程度的增长。

表4-2　2014年全国钢材分品种产量（单位：万吨，%）

	2014年产量	2013年产量	2014年同比增长
钢材合计	112557.4	107747.7	4.5
铁道用钢材	565.3	609.6	-7.3
重轨	405.4	428.2	-5.3
轻轨	120.5	140.1	-14.0
大型型钢	1349.5	1295.3	4.2
中小型型钢	5620.0	5755.9	-2.4
棒材	7941.9	7795.7	1.9
钢筋	21527.8	20547.2	4.8
盘条(线材)	15383.4	14902.6	3.2
特厚板	727.0	667.9	8.9
厚钢板	2638.5	2445.8	7.9
中板	4000.9	3602.3	11.1

（续表）

	2014年产量	2013年产量	2014年同比
热轧薄板	815.7	884.8	–7.8
冷轧薄板	3709.8	3267.6	13.5
中厚宽钢带	12300.7	12472.1	–1.4
热轧薄宽钢带	5296.6	5018.8	5.5
冷轧薄宽钢带	4259.9	4056.1	5.0
热轧窄钢带	5959.3	5899.6	1.0
冷轧窄钢带	1248.8	1102.0	13.3
镀层板(带)	5075.0	4473.0	13.5
涂层板(带)	825.1	780.1	5.8
电工钢板(带)	885.2	842.4	5.1
无缝钢管	3137.0	3131.1	0.2
焊接钢管	5761.0	5307.8	8.5
其他钢材	3529.0	2882.8	22.4

数据来源：国家统计局，2015年2月。

从各地区钢铁生产情况来看，东部、中部和西部地区粗钢产量分别为51014万吨、18609万吨和12647万吨，分别占全国粗钢总产量的62%、22.6%和15.4%，其中东部地区粗钢产量同比增长2.3%，而中部地区和西部地区粗钢产量与2013年相比，则分别下降了1.2%和1.8%。

表4–3　2014年各区域钢铁产品生产情况（单位：万吨，%）

区域	生铁			粗钢			钢材		
	产量	同比增长	占全国比重	产量	同比增长	占全国比重	产量	同比增长	占全国比重
东部	43856	2.1	61.6	51014	2.3	62.0	73611	4.8	65.4
中部	16713	–0.9	23.5	18609	–1.2	22.6	22596	3.4	20.1
西部	10591	–3.6	14.9	12647	–1.8	15.4	16350	4.4	14.5
合计	71160	0.5	100.0	82270	0.9	100.0	112557	4.5	100.0

数据来源：赛迪智库原材料工业研究所整理，2015年2月。

（二）消费情况

从钢材下游消费发展情况看，2014 年除工业锅炉、金属冶炼设备、水泥专用设备、中小型拖拉机、家用洗衣机和家用冰箱冷柜产量同比下降以外，其他产品产量较 2013 年相比均有不同程度的增长，特别是大气污染防治设备、铁路机车和空调产量增幅较 2013 年同期明显增大。

表 4–4　2014 年各用钢行业产品产量情况

指标名称	单位	2014年产量	同比增长率（%）	2013年同比增长率（%）
工业锅炉	蒸发量吨	558118.1	–12.6	2.0
发动机	万千瓦	214105.4	6.2	17.2
金属切削机床	万台	85.8	3.0	–2.0
电动手提式工具	万台	25597.3	3.4	–1.8
金属冶炼设备	吨	1150111.1	–3.5	5.8
水泥专用设备	吨	946030.8	–0.7	2.6
饲料生产专用设备	台	647039.0	1.0	–6.1
包装专用设备	台	102600.0	8.2	14.2
大型拖拉机	台	69876.0	6.6	–1.7
中型拖拉机	台	573840.0	–9.3	13.9
小型拖拉机	万台	167.8	–13.9	4.9
大气污染防治设备	台(套)	307238.0	11.9	–3.1
铁路机车	辆	1658.0	15.5	–11.5
汽车	万辆	2389.5	7.1	18.4
民用钢质船舶	万载重吨	4874.0	5.5	–24.7
发电设备	万千瓦	15360.3	9.2	–4.8
交流电动机	万千瓦	30134.4	4.4	6.9
家用洗衣机	万台	7114.4	–3.3	8.2
家用电冰箱	万台	9337.1	–1.0	10.6
家用冷柜	万台	1800.7	–3.4	9.4
房间空气调节器	万台	15716.9	11.5	11.6

数据来源：国家统计局，2015 年 2 月。

2014 年中国粗钢产量 82270 万吨，净出口钢材折合粗钢 7935 万吨，2014 年中国粗钢表观消费量约为 74335 万吨。随着城镇化和工业化进程的继续深入，2015 年中国钢铁消费将继续保持小幅增长态势。

二、行业投资状况

2014 年中国黑色金属矿采选业与黑色金属冶炼及压延加工业固定资产投资额合计为 6479.6 亿元，同比下降 3.7%。其中，黑色金属冶炼及压延加工业完成投资额 4789.4 亿元，同比下降 5.9%，增速较 2013 年下降了 3.8 个百分点；黑色金属冶炼及压加工业完成投资 1690.2 亿元，同比增长 2.9%，增速较 2013 年下降了 7.8 个百分点。

表 4-5　2013—2014 年月钢铁行业固定资产投资情况　（单位：亿元，%）

项目	2014年		2013年		2014年增速较2013年提高
	投资额	同比增长	投资额	同比增长	
黑色金属矿采选业	1690.2	2.6	1666.1	10.4	–7.8
黑色金属冶炼和压延加工业	4789.4	–5.9	5060.5	–2.1	–3.8
合计	6479.6	–3.7	6726. 6	2.2	–5.8

数据来源：国家统计局，2015 年 2 月。

三、产品价格走势

2014 年年初，钢铁原燃料价格下跌，国内钢铁生产成本下降，加之国内市场供过于求，推动国内市场的钢材价格持续震荡下行。2014 年年初，国内市场钢材综合价格指数为 98.93 点，到 2014 年年底该指数下降至 83.09 点，较年初下降了 15.84 点。其中长材综合价格指数由年初的 101.97 点下降至年末的 82.71 点，下降了 19.26 点；板材价格指数由年初的 97.76 点下降至年末的 85.10 点，下降了 22.66 点。2015 年在国内经济增速放缓的预期下，钢材下游需求难有大的增长，供求方面依然维持供过于求的格局，原燃料价格弱势运行对钢材市场价格支撑乏力，预计 2015 年钢材价格依然维持弱势运行。

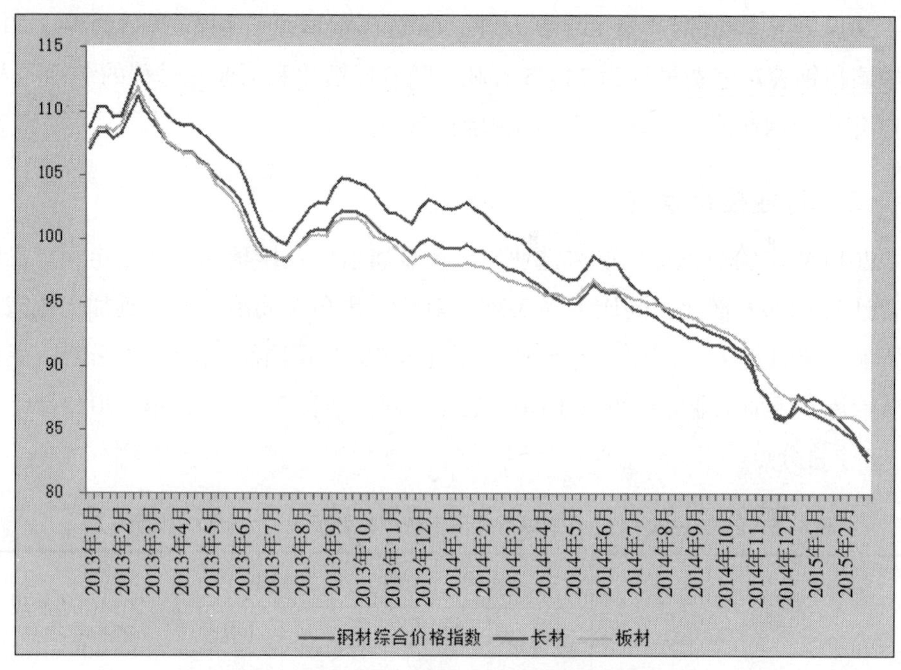

图4-2　2013—2014年中国钢材市场价格指数走势

数据来源：中国钢铁工业协会，2015年2月。

四、经济效益分析

2014年，全国纳入中国钢铁协会统计的88家重点钢铁企业中，有13家企业亏损，亏损面14.8%，较2013年下降了4.6个百分点。这13家亏损企业的亏损额合计为117.5亿元，同比下降8.0%。

2014年88家重点钢铁企业的工业总产值合计为29218.8亿元,同比下降3.0%；工业增加值合计为4293.4亿元,同比增长0.08%;实现销售额合计为35882.1亿元,同比下降3.0%。

从盈利水平看，2014年88家重点钢铁企业实现利税1090.9亿元，同比增长12.2%；其中利润总额304.4亿元，同比增长40.4%。2014年88家重点钢铁企业销售利润率0.85%，虽然较上年同期提高0.26个百分点，但总体盈利水平仍然较低。

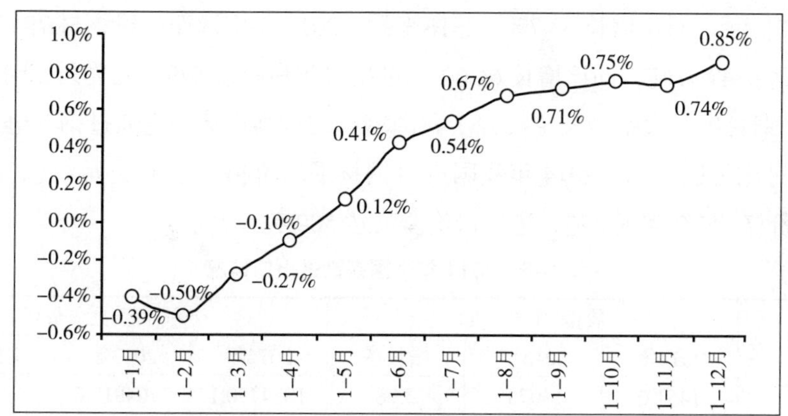

图4-3　2014年1—12月88家重点钢铁企业平均销售利润率

数据来源：中国钢铁工业协会，2015年2月。

从偿债能力来看，2014年88家重点钢铁企业的资产总额为46473.0亿元，同比增长4.4%；负债总额为31758.4亿元，同比增长3.2%。从88家重点企业统计数据来看，2014年钢铁行业资产负债率高达68.3%，较2013年相比下降了0.8个百分点，偿债能力有所提升。

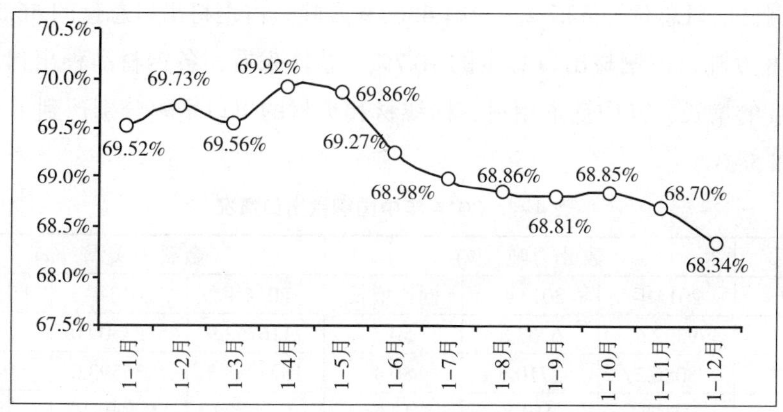

图4-4　2014年1—12月88家重点钢铁企业平均资产负债率

数据来源：中国钢铁工业协会，2015年2月。

五、进出口贸易情况

（一）总体情况

2014年中国进口钢材1451万吨，同比增长3.08%；进口钢材金额182.5亿元，同比增长7.0%。同期，中国出口钢材9393万吨，同比增长50.7%；出口钢材金额711.7亿元，同比增长33.7%。总体来看，2014年中国净出口钢材7942万吨，折合粗钢8849万吨，同比增长64.6%；进出口贸易顺差529.2亿美元，同比增长46.2%。钢材出口大幅增长主要源于我国钢材的价格优势，这通过钢材进出口平均价格对比可以看出，2014年我国进口钢材平均价格1257.6美元/吨，出口钢材平均价格757.7美元/吨，进出口价差高达500美元/吨。

表4-6　2014年中国钢铁进出口情况

项目	数量(万吨，%)			金额(万美元，%)		
	2014年	2013年	增长率	2014年	2013年	增长率
进口	1451.0	1407.8	3.08	1824750.1	1704912.0	7.03
出口	9392.6	6233.8	50.67	7116752.9	5323509.0	33.69
净出口	7941.6	4826.0	64.56	5292002.8	3618597.0	46.24

数据来源：海关总署，2015年2月。

（二）出口情况

2014年中国出口钢材9392.6万吨，其中铁道用材73.9万吨，占钢材出口总量的0.8%；角型材459.8万吨，占钢材出口总量的4.9%；棒线材3086.2万吨，占钢材出口总量的32.7%；板材4366.9万吨，占钢材出口总量的46.5%；管材1005.8万吨，占钢材出口总量的10.7%。总体来看，各钢材品种出口均出现不同程度的增长，其中铁道用材、棒线材和板材的出口增幅分别达到了95.2%、80.4%和58.0%。

表4-7　2014年中国钢铁出口情况

	数量(万吨，%)			金额(万美元，%)		
品种	2014年	2013年	同比增长	2014年	2013年	同比增长
钢材	9392.6	6233.8	50.7	7116752.9	5323509.0	33.7
棒线材	3086.2	1710.6	80.4	1625258.3	1035593.0	56.9
角型材	459.8	410.5	12.0	274535.2	254695.9	7.8
板材	4366.9	2764.1	58.0	3279081.8	2230791.0	47.0
管材	1005.8	957.1	5.1	1140026.2	1140204.0	0.0
铁道用材	73.9	37.8	95.2	89940.9	38249.6	135.1
其他钢材	400.0	353.7	13.1	707910.5	623975.7	13.5

数据来源：海关总署，2015年2月。

从中国钢材出口国家看，韩国位于首位，其次是越南、菲律宾和印度。2014年中国出口至韩国的钢材为1297.3万吨，占出口总量的13.8%；出口至越南

662.9 万吨，占出口总量的 7.1%；出口至菲律宾 477.9 万吨，占出口总量的 5.1%；出口至印度 381.3 万吨，占出口总量的 4.1%。

表 4-8　2014 年中国分国家和地区钢材出口情况（单位：万吨，万美元，%）

国家和地区	出口量	出口量增长率	出口额	出口额增长率
全球	9392.6	50.4	7116752.9	33.1
韩国	1297.3	33.3	878248.2	26.2
越南	662.9	71.8	415700.3	55.6
菲律宾	477.9	62.9	279500.3	41.0
印度	381.3	32.8	313403.9	43.7
泰国	369.2	50.9	261529.9	58.3
美国	346.6	53.9	416045.2	136.8
印度尼西亚	340.7	52.0	222840.8	–20.6
新加坡	321.5	56.5	200109.3	40.5
中国台湾	282.3	56.1	308495.1	107.5
中国香港	260.5	57.5	156739.6	–8.3

数据来源：海关总署，2015 年 2 月。

（三）进口情况

2014 年中国进口钢材数量 1451 万吨，其中铁道用材 12.4 万吨，占钢材进口总量的 0.6%；角型材 38.1 万吨，占钢材进口总量的 6.6%；棒线材 120.3 万吨，占钢材进口总量的 27.4%；板材 1208.1 万吨，占钢材进口总量的 44.3%；管材 47.6 万吨，占钢材进口总量的 15.4%。除角型材以外，其他产品进口数量较 2013 年均有不同程度的提高，其中棒线材、管材和铁道用材同比增幅均超过了 10%。

表 4-9　2014 年中国钢铁进口情况

品种	数量(万吨，%)			金额(万美元，%)		
	2014年	2013年	同比增长	2014年	2013年	同比增长
钢材	1451.0	1407.8	3.1	1824750.1	1704912.0	7.0
棒线材	120.3	102.7	17.2	172374.4	155047.1	11.2
角型材	38.1	38.7	–1.6	39952.1	38358.8	4.2
板材	1208.1	1188.6	1.6	1238027.6	1199103.0	3.3
管材	47.6	42.5	12.2	199034.3	170269.8	16.9
铁道用材	12.4	11.1	12.2	38641.9	7783.4	396.5
其他钢材	24.5	24.2	1.2	136719.8	134349.7	1.8

数据来源：海关总署，2015 年 2 月。

从中国钢材进口国家或地区看，居于首位的是日本，其次是韩国、中国台湾和德国。2014 年中国从日本进口钢材 600.3 万吨，占钢材进口总量的 41.4%；从韩国进口 457.8 万吨，占钢材进口总量的 31.6%；从中国台湾进口 189.3 万吨，占进口总量的 13.0%；从德国进口 61.7 万吨，占进口总量的 4.3%。

表 4–10　2014 年中国分国家和地区进口钢材情况（单位：万吨，万美元，%）

国家和地区	进口量	进口量增长率	进口额	进口额增长率
全球	1451.1	2.7	1824750.1	5.8
日本	600.3	–0.3	665495.0	0.4
韩国	457.8	7.8	446884.6	6.6
中国台湾	189.3	–0.4	184338.7	–0.8
德国	61.7	19.2	162656.9	24.3
中国	31.2	9.4	29264.8	1.3
法国	22.0	68.3	50444.2	47.8
瑞典	12.4	–4.0	39888.4	–6.7
美国	9.7	11.9	68883.4	18.0
意大利	9.5	31.2	46135.6	45.3
比利时	8.9	7.1	18514.0	–1.7

数据来源：海关总署，2015 年 2 月。

第二节　需要关注的几个问题

一、过剩产能治理任务依然很重

经过近几年对过剩产能的治理，中国钢铁产业产能过剩问题得以缓解，但今后任务仍然十分艰巨。一是产能过剩问题依然存在。2014 年我国钢铁产能约为 11 亿吨，在严控新增产能的情况下，预计 2015 年我国钢铁产能将维持这一水平。按照 2015 年年产 8.4 亿吨的粗钢生产水平计算，2015 年粗钢产能利用率有望达到 76.3%，产能过剩问题较 2014 年有所改善，但仍未达到国际对产能过剩的评判标准（国际对产能过剩的判定标准是产能利用率低于 78%），产能过剩问题依然存在。二是我国尚有部分落后产能未能淘汰。2014 年政府计划淘汰钢铁产能 2700 万吨，但到 9 月底只完成了 63%。目前三级以下钢筋生产还占有一定比重，部分热轧硅钢片仍在悄悄生产，更有大量热轧窄钢带继续充斥市场。三是淘汰落后产能绝不仅仅是数字的下降，由此带来的人员安置、资产处置等问题也不容忽视。2013 年 10 月国务院发布《关于化解产能严重过剩矛盾的指导意见》(下文称《意见》),提出 5 年内再压缩钢铁产能 8000 万吨的发展目标。以人员安置为例，如果按照行业平均劳动生产率水平，每 1000 万吨钢铁产能直接就业人员 2 万—3 万人计算，那么按照《意见》压缩 8000 万吨产能将直接影响 16 万—24 万名职工的就业安置问题，进一步考虑压减钢铁产能对港口、运输、焦炭生产、钢材加工等钢铁上下游产业的影响，则需要安置的人员将会更多。综合来看，我国钢铁产业淘汰落后产能的任务依然很重。

二、结构调整与转型升级任重道远

中国钢铁产业经过近几年产业结构调整与转型升级，产品结构和产业布局不断优化，技术装备不断升级，但今后工作依然任重道远。从产业结构来看，无论是产品结构还是产业布局仍需进一步优化。首先是产品结构方面，部分高端钢材产品自给能力不足，特别是一批重点工程、重点领域核心部件的关键钢铁材料仍然受制于人，这需要我国科研创新体系和创新平台不断完善，需要研发人员的不断努力创新以及科研成果向生产力的成功转化等多方面共同发展。其次是产业布局方面，许多位于城区的钢铁企业受环保约束，面临很重的搬迁任务，新厂区的选址、规划、建设以及旧厂区的拆除、改造等一系列任务都不是一蹴而就的。从产业转型升级来看，无论是生产设备和生产工艺的升级改造，产品结构与产品质量的优化提升，先进技术的研发与推广，还是企业组织结构与资金结构的优化，生产商向服务商的转型等，都需要大量的财力、物力、人力的支撑，是一个渐进的过程。

三、产品出口贸易环境恶化

我国是钢材出口第一大国，2014 年以来钢材出口一直保持较高水平，并创下钢材出口历史新高。然而，大量钢材出口带来的是来日益加剧的贸易摩擦。自 2014 年年初以来，我国钢铁业面临来自欧盟、美国、墨西哥、巴西、泰国、哥伦比亚、印尼等十多个国家和地区的贸易摩擦，涉及多种钢铁产品，其中包括电工钢、镀锌板、冷轧不锈钢等高附加值产品。当前，钢铁产能面临全球性过剩，受此影响，今后市场竞争将更加激烈，贸易保护主义也日趋严重。特别是随着各国钢铁工业技术的不断发展，高端产品的自供能力不断提高，高端产品面临贸易摩擦的风险加大。综合来看，我国钢材出口国际市场将面临更加严峻的贸易环境。

四、原材料保障问题长期存在

2014年国产成品铁矿石5.2亿吨，约占消费量的45.9%，较2013年同期提高1.5个百分点。尽管国内铁矿石产量不断增长，产量占消费量的比重有所提高，但仍有54.1%的铁矿石消费完全依赖进口解决，铁矿石进口数量高速增长。2014年我国进口铁矿石9.3亿吨，同比增长13.7%。我国钢铁原材料依赖进口的局面将长期存在。这主要是因为：一是从矿石质量本身来看，国产矿难与进口优质资源相媲美。我国铁矿石品位低、伴生矿居多，矿石质量差，需配加一定的进口矿才能满足高炉大型化的冶炼要求。二是从生产成本来看，进口矿成本优势明显。由于我国铁矿石品位低、杂质多，采选困难，有的甚至需进行多道选矿工艺才能满足生产需要，其成品矿的生产成本远高于国外矿山的生产成本。三是从钢铁企业消费喜好看，在同等价格同等品位的情况下，钢铁企业更倾向于选择进口铁矿石。四是从国产矿供给来看，受资源储量和投资周期影响，我国铁矿石产量不可能出现爆发性的增长以满足钢铁生产的全部需求，另外一旦市场价格与生产成本倒挂，国产矿的生产积极性下降，部分矿山停产限产，也会影响国产铁矿石的供给量，而进口矿由于仍有很大的利润，会趁机抢占国产矿市场份额。综合来看，原材料依赖进口将长期存在。

五、环境保护继续加压

继2013年发布《大气污染防治行动计划》、《京津冀及周边地区落实大气污染防治行动计划实施细则》之后，2014年我国发布《京津冀及周边地区重点行业大气污染限期治理方案》，其中京津冀及周边地区涉及钢铁企业150家，产线396条，要求全部建成满足排放标准和总量控制要求的治污工程。为促进企业治污减排，2014年9月发布《关于调整排污费征收标准等有关问题的通知》，调整排污费征收标准，将废气中二氧化硫和氮氧化物排污费征收标准调整至不低于每污染当量1.2元；加强污染物在线监测，2015年年底前，重点监控钢铁等主要污染行业，实现严格按自动监控数据核定排污费。由此可见，随着我国环境污染问题的日益突出，保护环境的意识不断增强，环境治理将更加严格，2015年我国钢铁工业将承受着更大的环保压力。

六、融资难问题困扰行业发展

随着银行信贷对钢铁行业收紧，钢铁行业融资难的问题日益凸显，影响了钢铁行业的健康发展。一方面，由于个别钢贸商跑路引发银行采取更加严格的风险防范措施，部分银行对钢贸商采取抽贷、停贷以降低其信贷风险，直接导致钢贸商资金链断裂并不断向其上游的钢铁企业传导，致使部分钢铁企业濒临破产。另一方面，为有效治理钢铁行业自身的产能过剩问题和环境保护问题，钢铁企业贷款面临更加严格的审核，另外还有银行执行“两高一资”退出信贷计划。融资难已经不再单单针对钢贸商，融资难已经成为困扰整个钢铁行业发展的突出问题。如有些资金困难企业为了减少流动资金占用，不得不维持较低的原材料库存。

第五章　有色金属行业

第一节　基本判断

一、市场供需分析

（一）生产情况

2014年，我国有色金属产量平稳增长。1—12月，十种有色金属产量4417万吨，同比增长7.2%，增速较2013年同期回落2.7个百分点，是继2009年以来的产量增速新低。分月来看，十种有色金属产量总体呈现逐月增长的态势，月产量均保持在340万吨以上，12月产量达到404万吨，同比增长高达15.4%，增幅较11月提高7.5个百分点，这是受2013年同期产量水平较低影响，导致今年产量增幅较大。十种有色金属日均产量逐月攀升，日均产量均超过11万吨，11月日均产量为13.27万吨，是2014年的最高值，12月日均产量略有下降为13.02万吨。

表5-1　2014年十种有色金属产量及增长率

时间	产量（万吨）	同比增长率（%）	2013年同期产量（万吨）	2013年同期增长（%）
1月	—	—	313	17.6
2月	—	—	308	9.6
3月	354	7.1	331	9.9
4月	340	4.2	325	10.3
5月	351	3.6	331	7.5
6月	365	4.7	343	6.7
7月	364	7.9	335	9.7
8月	370	9.6	337	5.6

（续表）

时间	产量（万吨）	同比增长率（%）	2013年同期产量（万吨）	2013年同期增长（%）
9月	377	8.2	345	10.2
10月	385	4.8	365	12.9
11月	398	7.9	365	13.6
12月	404	15.4	347	2.3
1—12月	4417	7.2	4029	9.9

数据来源：国家统计局，2015 年 1 月。

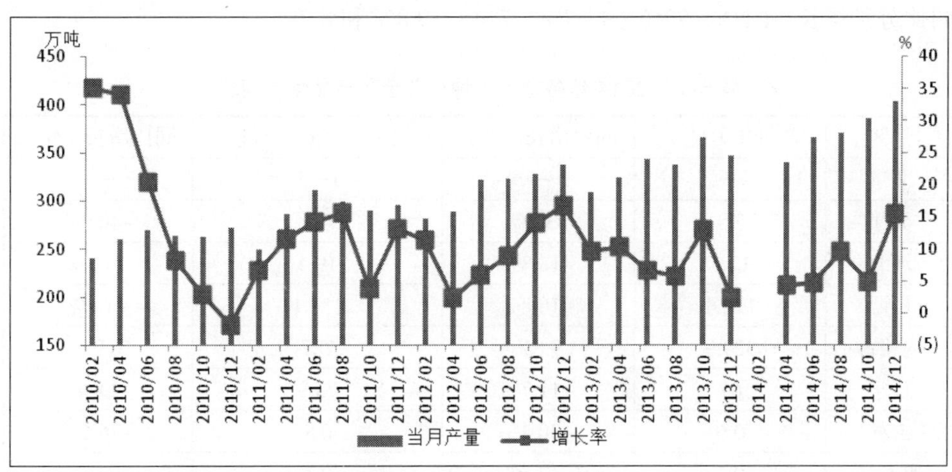

图5-1　2010—2014年十种有色金属产量当月产量及增长率

数据来源：国家统计局，2015 年 1 月。

分品种来看，1—12 月，铜、铝、铅、锌产量分别为 796 万吨、2438 万吨、422 万吨和 583 万吨，增速分别为 13.7%、7.7%、–5.5% 和 6.9%，除铜产量增速略有提高外，铝、铅、锌产量增速均回落。

表 5–2　2014 年主要有色金属产品生产情况

品种	产量（万吨）	同比增长（%）	2013年产量（万吨）	2013年同比增长（%）
铜	796	13.7	684	13.6
铝	2438	7.7	2205	9.6
铅	422	–5.5	448	5
锌	583	6.9	530	11.1
镍	35	27	28	43.9
锡	19	21.6	16	2.5

（续表）

品种	产量（万吨）	同比增长（%）	2013年产量（万吨）	2013年同比增长（%）
锑	26	-14.5	31	6.1
镁	87	12.7	77	3.6

数据来源：国家统计局，2015 年 1 月。

分区域来看，我国主要有色金属产地集中在中西部地区，河南、新疆、山东、甘肃、内蒙古、云南是有色金属产量大省，2014 年十种有色金属产量分别为 529.8 万吨、444.9 万吨、402.6 万吨、347.7 万吨、329.9 万吨和 320.4 万吨，同比分别增长 -1.2%、72%、11.7%、7.4%、9.8% 和 8.7%。

表 5-3　2014 年各地区十种有色金属产品生产情况

地区	产量（万吨）	同比增长（%）	2013年产量（万吨）	同比增长（%）
北京	—	—	—	—
天津	7.5	33.9%	0.6	-40.9%
河北	17.3	-13.8%	19.4	13.3%
山西	122.4	-10.8%	137.1	-1.8%
内蒙古	329.9	9.8%	287	6.9%
辽宁	67	-11.7%	73.3	2.8%
吉林	0.6	-30.4%	0.8	-76.1%
黑龙江	0.1	-47.5%	0.1	—
上海	9.7	9.8%	8.8	-4.6%
江苏	48.5	-15.6%	52.9	-7.6%
浙江	35.6	-7%	38.5	-22%
安徽	137.5	7.1%	128.8	27.6%
福建	38.8	0.2%	40.5	38.2%
江西	165.1	6.5%	156.2	7.3%
山东	402.6	11.7%	291.9	3.8%
河南	529.8	-1.2%	536.3	-5.9%
湖北	106.3	-1%	107.8	11.3%
湖南	299.4	0.9%	301.4	9.8%
广东	39.5	-11.4%	44.8	71.1%
广西	140.9	8.6%	123.7	11.5%
重庆	62.8	65.5%	34	11.3%
四川	68.3	-9.1%	81.3	0.3%

（续表）

地区	产量（万吨）	同比增长（%）	2013年产量（万吨）	同比增长（%）
贵州	71.9	-39.9%	119.9	7.7%
云南	320.4	8.7%	300.4	6.5%
陕西	204.7	23.7%	159.6	21.5%
甘肃	347.7	7.4%	323.7	10%
青海	246.8	3.9%	237.4	13.2%
宁夏	151	-7.9%	164	-0.2%
新疆	444.9	72%	258.6	137.7%

数据来源：国家统计局，2015 年 1 月。

（二）消费情况

2014 年，我国十种有色金属产量为 4417 万吨，销售量为 4257 万吨，产销率达到 99.3%，库存比年初增长了 7.6%。1—12 月，铜、铝、锌表观消费量平稳增长，消费量分别为 1128 万吨、2455 万吨和 627 万吨，分别同比增长 15.7%、10.1% 和 5.9%；铅消费量有所下降，为 419 万吨，同比减少 5.8%。

表 5–4　2014 年主要有色金属产品表观消费量（单位：万吨）

时间	铜	铝	铅	锌
1月	—	—	—	—
2月	—	—	—	—
3月	90	202	38	—
4月	90	192	32	52
5月	87	190	37	51
6月	84	196	40	55
7月	85	198	35	55
8月	89	202	34	52
9月	99	204	35	51
10月	102	209	36	52
11月	106	213	38	54
12月	112	218	32	54
1—12月	1128	2455	419	627
2013年	975	2230	445	592

数据来源：根据国家统计局数据整理，2015 年 1 月。

二、行业投资情况

2014年，有色金属行业投资规模不断扩大，增速继续放缓。1—12月，有色金属行业完成固定资产投资7406亿元，同比增长4%，增幅较2013年下降15个百分点，比全国固定资产投资（不含农户）增长率降低了11.7个百分点。其中，有色金属矿采选业完成投资1636亿元，同比增长2.9%，低于2013年同期16.8个百分点；有色金属冶炼及压延加工业完成投资5770亿元，同比增长4.1%，低于2013年同期16.5个百分点。从投资主体来看，1—11月民间投资比重达到84.5%，投资结构不断优化。

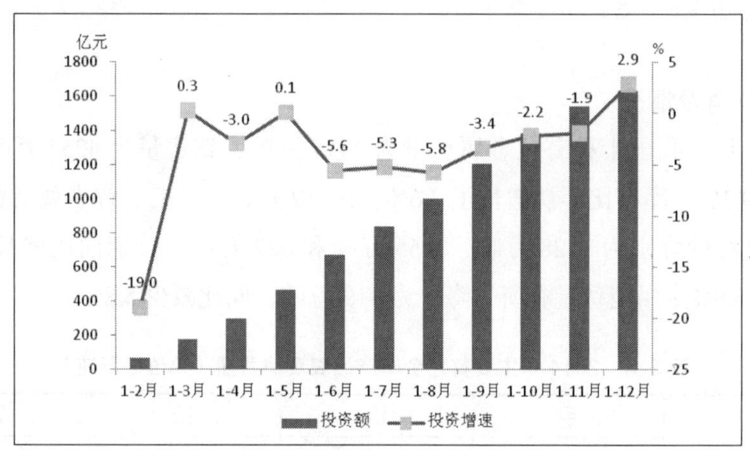

图5-2　2014年有色金属采矿业固定资产投资情况

数据来源：国家统计局，2015年1月。

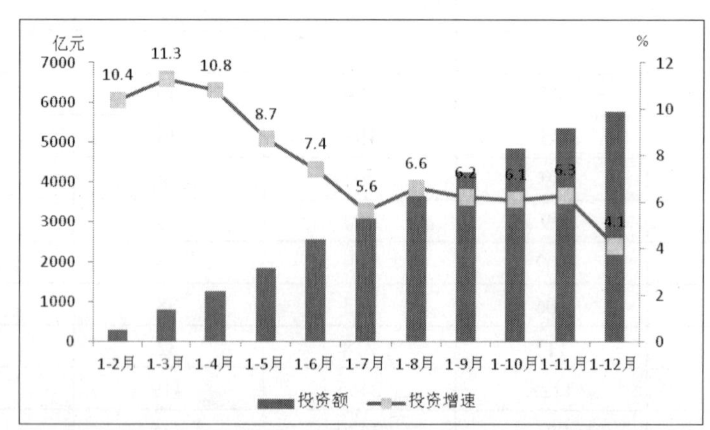

图5-3　2014年有色金属冶炼及压延加工业固定资产投资情况

数据来源：国家统计局，2015年1月。

三、产品价格走势

2014年，主要有色金属产品价格出现分化。铜价整体震荡走低，价格低于2013年同期水平。年初，受悲观预期影响，铜价从51734元/吨水平开始下跌，4月跌至46240元/吨，为近3年来的最低水平；5—8月，受国内经济数据企稳、国内收储、大型铜冶炼商停产检修的刺激，以及下游家电、汽车行业进入消费旺季的影响，铜价逐渐反弹；9月开始，国内铜矿供给充足，精炼铜产量不断增加，下游需求减少，铜价不断下跌。预计2015年，随着前期建设的矿山产能陆续释放，全球精铜会出现过剩，我国经济增长下行压力不减，下游需求不确定性增强，铜价将继续震荡下行。

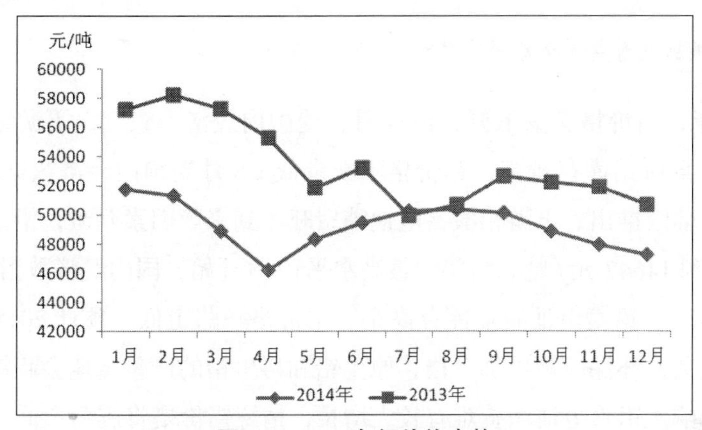

图5-4　2014年铜价格走势

数据来源：根据上海期货交易所数据整理，2015年1月。

2014年，铝价呈现先跌再涨后跌走势。1—4月，受2013年年底产能投产，原铝供应增加，以及经济增速趋缓和下游消费低迷影响，铝价持续走低，4月铝价跌至12843元/吨，创下近3年来的新低；5月之后，部分铝厂因亏损相继减产，原铝供应下降，铝价有所回升，9月更是达到了14478元/吨，这一方面是受国际铝价上涨的带动，另一方面是国内铝库存减少的刺激；10月之后，受基本金属市场低迷、原铝供应增加、下游需求下降等影响，铝行业不景气，铝价震荡下行。预计2015年，受国内产能陆续释放和下游需求不确定性强等因素影响，铝价下行压力依然存在。

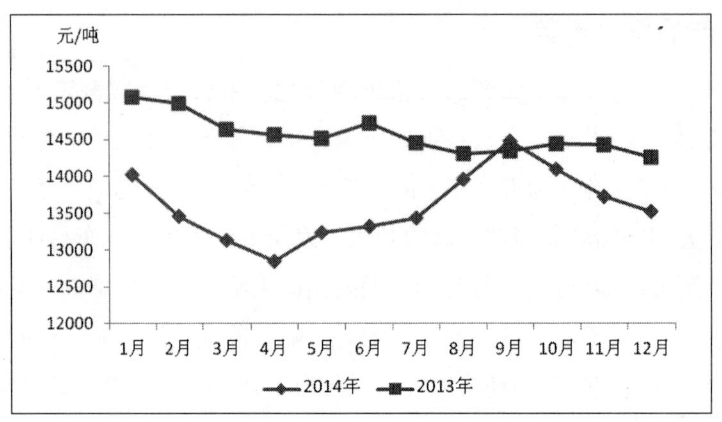

图5-5 2014年铅价格走势

数据来源：根据上海期货交易所数据整理，2015 年 1 月。

2014 年，铅价格震荡下调。1—4 月，受国内经济不景气、下游终端需求低迷影响，上期所铅库存较高，铅价格不断走低；5 月受国内经济数据略有回升、微刺激政策陆续推出、下游铅酸蓄电池消费旺季到来等因素刺激，铅价格逐渐反弹，8 月达到 14647 元 / 吨，为年内最高水平;9 月开始，国内经济数据继续下滑、下游需求疲弱、铅蓄电池企业库存高企，铅价格一路走低。预计 2015 年，国内铅矿供应趋紧，环保政策更加严格，原生铅和再生铅的产量增速会趋缓，受电动汽车消费影响，铅蓄电池消费难有较大增长，精炼铅价格将震荡走低。

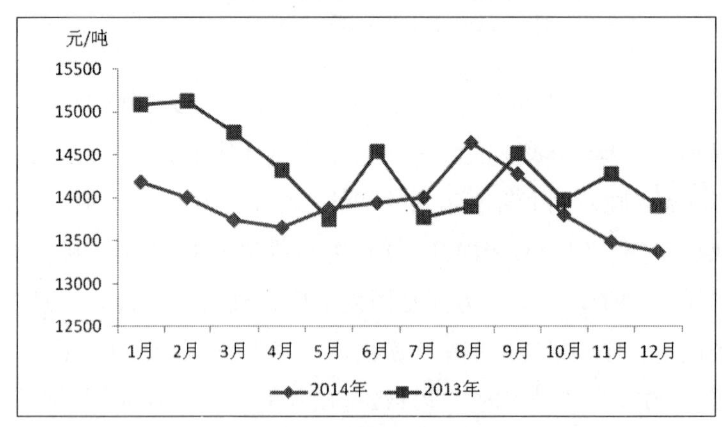

图5-6 2014年铅价格走势

数据来源：根据上海期货交易所数据整理，2015 年 1 月。

2014年，与其他有色金属品种不同，锌价格整体呈现上涨态势。1—4月，受国内经济低迷、国产锌库存高企、下游消费淡季影响，锌价格有所下降；5月开始，国内部分中小锌矿减产或停产，锌价格不断上涨，8月涨到年内最高水平，达到16784元/吨；9月开始，锌供应量不断增加，锌消费需求没有太大改善，锌价有所下降，但在11月，锌价有所上涨，12月锌价格达到16771元/吨，处于年内较高水平。预计2015年，锌矿供应充足，企业开工率维持较高水平，但新的环保法和安全法的实施将增加精炼锌的生产成本，产量增速会趋缓，下游需求领域锌消费有回暖迹象，锌价有望继续上涨。

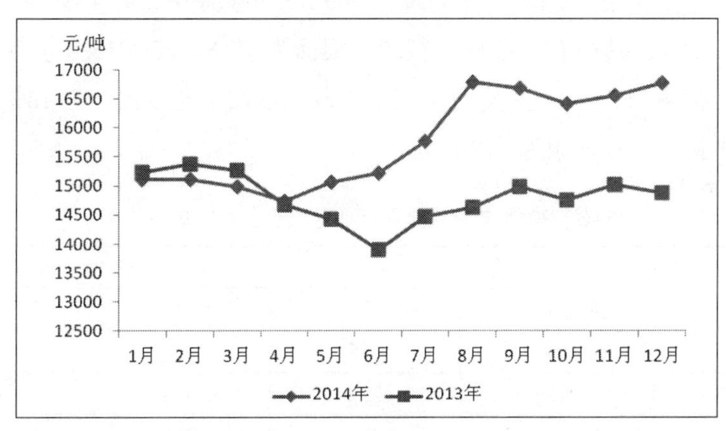

图5-7　2014年锌价格走势

数据来源：根据上海期货交易所数据整理，2015年1月。

四、经济效益分析

2014年，有色金属行业整体盈利能力有所下滑。1—12月，有色金属行业实现利润2053亿元，比2013年同期减少20亿元，其中有色金属矿采选业实现利润563亿元，同比减少10.7%，降幅较2013年同期有所缩小，销售利润率为8.98%，较2013年同期下降1.2个百分点；有色金属冶炼及压延加工业实现利润1490亿元，同比增长2.5%，增幅高于2013年同期两个百分点，销售利润率为2.94%，较2013年同期下降0.17个百分点。

表 5-5　2014 年有色金属行业实现利润情况

时间	有色金属矿采选业		有色金属冶炼及压延加工业	
	利润（亿元）	同比增长（%）	利润（亿元）	同比增长（%）
2011年	775	52.3	1714	51.3
2012年	764	−0.2	1427	−10.4
2013年	628	−17.2	1445	0.05
2014年	563	−10.7	1490	2.5

数据来源：国家统计局，2015 年 3 月。

从亏损情况来看，国家统计局统计的 9273 家企业中，有 1596 家亏损企业，亏损面为 17.2%，其中有色金属矿行业亏损面为 15%，较 2013 年同期上升两个百分点，亏损额为 33 亿元；有色金属冶炼及压延加工业亏损面为 18%，与 2013 年同期水平持平，亏损额为 378 亿元。

表 5-6　2014 年有色金属行业亏损企业数（单位：个）

时间	有色金属矿采选业		有色金属冶炼及压延加工业	
	企业总数	亏损企业数	企业总数	亏损企业数
2011年	2045	135	6629	878
2012年	2122	223	6746	1222
2013年	2108	266	7168	1281
2014年	2037	302	7236	1294

数据来源：国家统计局，2015 年 3 月。

五、进出口贸易情况

（一）总体情况

2014 年，我国累计出口未锻造的铜及铜材 78 万吨，同比降低 0.7%，2013 年同期水平为增长 2%；累计出口未锻造的铝及铝材 434 万吨，同比增长 19.2%，较 2013 年同期提高 14.1 个百分点。同期，我国累计进口未锻造的铜及铜材 483 万吨，同比增长 7.4%，较 2013 年同期有了较大幅度的增长；累计进口未锻造的铝及铝材 85 万吨，同比降低 11.4%，降速较 2013 年同期有所趋缓。

表 5-7 2014 年有色金属品种进出口情况

类别	年份	出口量（万吨）	增长率（%）	进口量（万吨）	增长率（%）
未锻造的铜及铜材	2011	65.7	19.8	407	-5.1
	2012	76.7	16.8	465	14.1
	2013	78.3	2	454	-2.3
	2014	77.7	-0.7	483	7.4
未锻造的铝及铝材	2011	376	28.4	91	-4.7
	2012	346	-8	117	28.6
	2013	364	5.1	96	-17.7
	2014	434	19.2	85	-11.4

数据来源：海关总署，2015 年 1 月。

（二）分品种情况

铜：2014 年，我国铜产品出口有所减少，出口未锻造的铜及铜材 77.7 万吨，同比降低 0.7%，低于 2013 年同期 2% 的水平；出口精炼铜 26.6 万吨，低于 2013 年 29.3 万吨的水平；出口铜矿砂及精铜 0.08 万吨，同比增长 17.3%，低于 2013 年同期水平。铜产品进口不同程度的增长，进口未锻造的铜及铜材 482.5 万吨，同比增长 7.4%，而 2013 年同期减少 2.3%；进口精炼铜 359 万吨，高于 2013 年同期 320.6 万吨的水平；进口铜矿砂及精矿 1182 万吨，同比增长 17.3%，低于 2013 年同期增长水平。

表 5-8 2014 年铜产品进出口情况（单位：万吨，%）

品种	出口				进口			
	2014年		2013年		2014年		2013年	
	总量	增长率	总量	增长率	总量	增长率	总量	增长率
未锻造的铜及铜材	77.7	-0.7	78.3	2	482.5	7.4	454.2	-2.3
精炼铜	26.6	-9	29.3	7	359	12	320.6	-6
铜矿砂及精矿	0.08	17.3	0.06	28.7	1182	17.3	1007.4	28.7

数据来源：海关总署、赛迪智库原材料工业研究所整理，2015 年 1 月。

铝：2014 年，我国铝产品出口有增有减。出口氧化铝 11.8 万吨，同比减少 36.6%，增速较 2013 年同期 330.3% 的增长率有明显的下降；出口原铝 9.6 万吨，同比减少 17%，降幅比 2013 年扩大 9 个百分点；出口铝合金 57.1 万吨，同比增长 25%，明显好于 2013 年同期水平；出口未锻造的铝及铝材 433.5 万吨，同比增长 19.2%，高于 2013 年同期 14.1 个百分点；出口废铝 971 万吨，同比降低 28%，降幅较 2013 年进一步扩大。主要铝产品进口有所减少，除氧化铝进口 527.6 万吨，同比增长 37.7%，高于 2013 年同期水平外，原铝、铝合金、未锻造的铝及铝材、废铝进口量均下降，分别进口 26.8 万吨、8.6 万吨、85.4 万吨和 230.6 万吨，同比分别减少 28%、22%、11.4% 和 7.9%。

表 5-9　2014 年铝产品进出口情况（单位：万吨，%）

品种	出口				进口			
	2014年		2013年		2014年		2013年	
	总量	增长率	总量	增长率	总量	增长率	总量	增长率
氧化铝	11.8	–36.6	18.6	330.3	527.6	37.7	383.1	–23.7
原铝	9.6	–17	11.6	–8	26.8	–28	37.1	–28
铝合金	57.1	25	45.6	–10	8.6	–22	11	–9
未锻造的铝及铝材	433.5	19.2	364	5.1	85.4	–11.4	96.3	–17.7
废铝	971	–28	1347	–20	230.6	–7.9	250.4	–3.4

数据来源：海关总署、赛迪智库原材料工业研究所整理，2015 年 1 月。

铅：2014 年，我国进口铅矿砂及精矿 181.2 万吨，同比增长 21%，而 2013 年同期进口量下降 18%；出口氧化铅 600 吨，同比下降 35%，降幅水平与 2013 年同期基本持平；出口精炼铅 3.5 万吨，同比增长 59%，进口精炼铅 200 吨，同比下降 75%。

表 5-10　2014 年铅产品进出口情况（单位：万吨，%）

品种	出口				进口			
	2014年		2013年		2014年		2013年	
	总量	增长率	总量	增长率	总量	增长率	总量	增长率
铅矿砂及精矿	—	—	—	—	181.2	21	149.3	–18
氧化铅	0.06	–35	0.09	–34	0	—	0	—
精炼铅	3.5	59	2.2	895	0.02	–75	0.08	–88

数据来源：海关总署、赛迪智库原材料工业研究所整理，2015 年 1 月。

锌：2014 年，我国锌产品出口增幅较大，出口氧化锌及过氧化锌 1.2 万吨，同比增长 29%，2013 年同期为下降 17%；出口精炼锌 13.1 万吨，远高于 2013 年同期 0.3 万吨的水平；出口未锻造的锌（包括锌合金）13.3 万吨，远高于 2013 年同期 0.5 万吨的水平。进口锌产品有所减少，进口氧化锌及过氧化锌 1 万吨，较 2013 年同期下降 10%，降幅进一步扩大；进口精炼锌 57 万吨，同比减少 9%，而 2013 年同期增速为 22%。

表 5–11 2014 年锌产品进出口情况（单位：万吨，%）

品种	出口				进口			
	2014年		2013年		2014年		2013年	
	总量	增长率	总量	增长率	总量	增长率	总量	增长率
氧化锌及过氧化锌	1.2	29	1	–17	1	–10	1.2	-3
精炼锌	13.1	3736	0.3	–47	57	–9	62.4	22
未锻造的锌（包括锌合金）	13.3	2360.2	0.5	–32	—	—	—	—

数据来源：海关总署、赛迪智库原材料工业研究所整理，2015 年 1 月。

（三）分国家和地区情况

精炼铜：从 2014 年中国出口精炼铜情况来看，中国台湾位居首位，出口量达到 84653 吨，占出口总量的 37%；韩国位居次位，出口量达到 71025 吨，占比达到 31%；越南位居第三位，出口量达到 25584 万吨，占比为 11%。从中国进口精炼铜情况来看，智利是我国精炼铜最大的提供国，进口量达到 126.5 万吨，占进口总量的 46%；澳大利亚是我国第二大进口国，进口量达到 31.3 万吨，占比为 11%；日本是第三大进口国，进口量达到 23.3 万吨，占比为 9%。

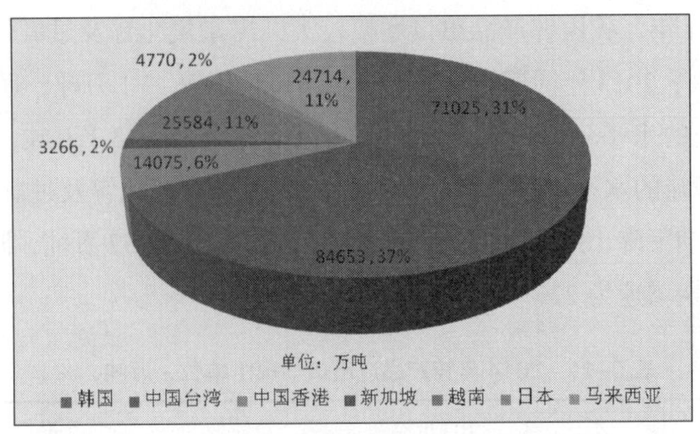

图5-8　2014年中国精炼铜分国家和地区出口情况

数据来源：海关总署，2015年1月。

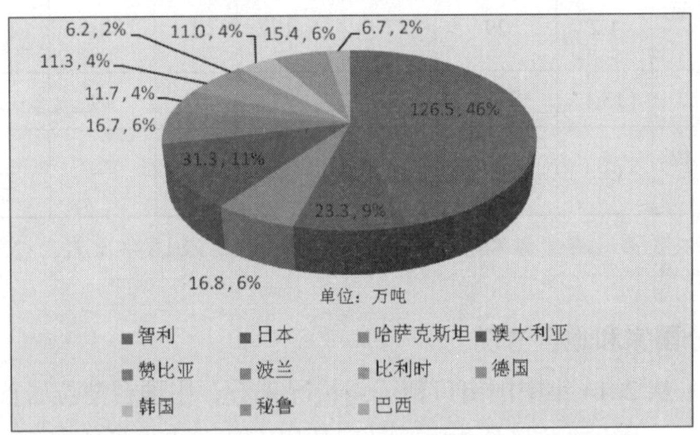

图5-9　2014年中国精炼铜分国家和地区进口情况

数据来源：海关总署，2015年1月。

原铝：2014年，我国原铝量出口最大的国家是韩国，出口54955吨，占出口总量的60%；其次是中国台湾，出口22356吨，占出口总量的24%；第三位是日本，出口量为13335吨，占比为15%。进口方面，澳大利亚是我国最大的原铝进口国，进口量为76080吨，占进口总量的33%；俄罗斯是我国第二大原铝进口国，进口量为67180吨，占比为29%；阿曼是我国第三大原铝进口国，进口量为30003吨，占比为13%。

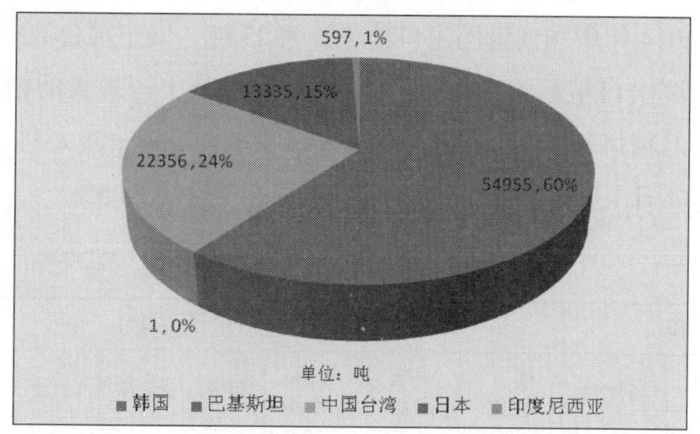

图5-10　2014年中国原铝分国家和地区出口情况

数据来源：海关总署，2015 年 1 月。

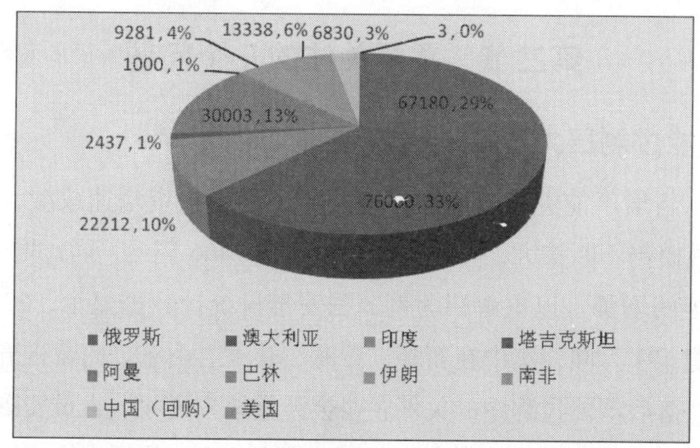

图5-11　2014年中国原铝分国家和地区进口情况

数据来源：海关总署 ，2015 年 1 月。

精炼铅：2014 年中国向中国台湾出口精炼铅 11531 吨，占总出口量的 74%；从日本进口精炼铅 137 吨，占总进口量的 75.3%。

表 5-12　2014 年精炼铅进出口情况

出口量（吨）			进口量（吨）		
泰国	中国台湾	韩国	韩国	澳大利亚	日本
1528	11531	2505	44	1	137

数据来源：海关总署 ，2015 年 1 月。

精炼锌：2014 年中国向韩国出口精炼锌 3323 吨，向中国台湾出口精炼锌 2.9 万吨，向新加坡出口精炼锌 7390 吨。哈萨克斯坦是中国最大的精炼锌进口国，中国从其进口的精炼锌为 15 万吨，占总进口量的 40.8%；澳大利亚是中国第二大的精炼锌进口国，进口量为 12.7 万吨，占总进口量的 34.5%。

表 5-13　2014 年精炼锌进出口情况

出口量（吨）			进口量（万吨）							
韩国	中国台湾	新加坡	澳大利亚	纳米比亚	哈萨克斯坦	日本	印度	韩国	墨西哥	巴西
3323	29061	7390	12.7	3.2	15	0.7	2.4	1.9	0.7	0.1

数据来源：海关总署，2015 年 1 月。

第二节　需要关注的几个问题

一、产能过剩压力不减

一方面，新增产能进一步增加。2014 年，尽管投资增速放缓，但有色金属行业的投资规模仍不断扩大，全年累计投资达到 7406 亿元，同比增长 4%，其中不乏新增产能的增加。以电解铝为例，据安泰科统计数据显示，2014 年我国新建电解铝产能 474 万吨，集中在新疆、青海、甘肃、山东、内蒙古五个省区。另一方面，淘汰落后产能过程中的关停企业会涉及地方税收、人员安置、债务处理等一系列问题，增大了淘汰落后产能工作的难度，且产能退出渠道不通畅，导致产能过剩压力依然较大。

二、企业盈利能力下降

2014 年，有色金属行业实现利润 2053 亿元，比 2013 年同期减少 20 亿元。一方面是成本压力较大。尽管煤炭价格下跌，但采用网电的国有电解铝、海绵钛等企业并没有享受到发电成本下降带来的用电成本下降。此外，土地、用工成本不断增加，获得银行信贷难度增大。2014 年，规模以上有色金属企业的财务费用增长 20%。另一方面，有色金属产品价格低位震荡。受下游需求低迷影响，铜、铝、铅等品种价格总体呈现不断下降态势。在成本上涨和价格下降的双重夹击下，有色金属企业特别是国有企业面临较大的经营困难，数据显示，2014 年有色金属国有及国有控股企业利润占全行业的6.5%，亏损额占全行业的67%。

三、创新能力有待加强

有色金属是国民经济和工业发展的基础原料，也是高新技术发展不可缺少的重要新材料。有色金属工业的创新能力高低制约着我国经济和社会的发展。目前，受限于体制机制、投入、人才等因素，我国有色金属行业总体创新能力不强，产品结构不尽合理，附加值高的精深加工产品占比较低，在国际产业链中处于低端位置，部分航空航天、电子、海洋工程用高端有色金属产品还依赖进口。

第六章　建材行业

第一节　基本判断

一、主要建材产品产量保持增长

2014年建材行业产品保持适度增长,其中水泥、平板玻璃等传统建材高能耗、高排放产品产量增速较上年有所下降，商品混凝土、钢化玻璃等低能耗、低排放加工产品产量保持较快增速。

（一）水泥行业

2014年1—12月份全国累计水泥产量22.8亿吨，同比增长1.8%，增速创出自1991年以来的24年最低，在当前我国经济增长呈现变轨态势阶段，表明我国水泥需求已经进入低速增长期的新常态。

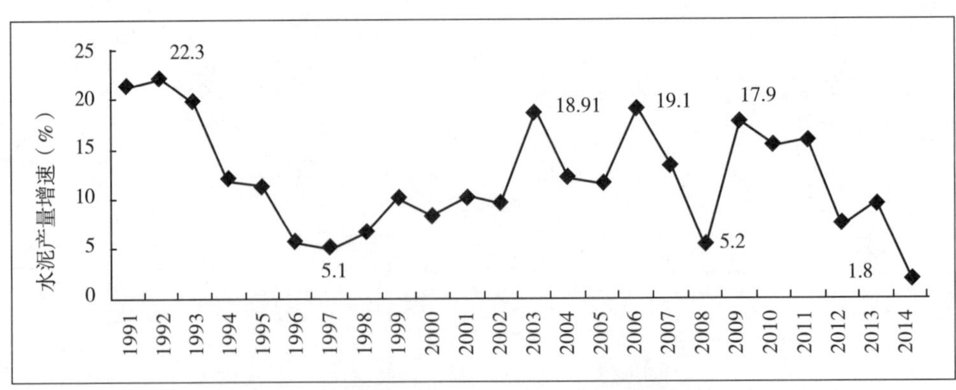

图6-1　1991年以来我国水泥产量增速走势图

数据来源：Wind，2015年2月。

从区域市场来看，我国水泥产量增长呈现出“南高北低”的特点，西南和中南地区的增长速度较快，其中西南部是表现最好的地区，产量同比增长 7.8%。北部大部分省区呈现负增长，华北地区的水泥产量同比下降 10.04%，东北部地区同比下降 3.78%。

分省区市来看，其中江苏省以 1.94 亿吨的产量继续蝉联全国产量第一位，其次是河南省和山东省，其中广东省不仅水泥产量大，增速也达到 12.77%。

表 6-1 2014 年 1—12 月全国前五省水泥产量及增速

排名	省份	产量（亿吨）	增速（%）
1	江苏省	1.9	37
2	河南省	1.7	1.7
3	山东省	1.6	–0.8
4	广东省	1.5	12.8
5	四川省	1.5	4.9

数据来源：Wind，2015 年 2 月。

（二）平板玻璃行业

2014 年我国平板玻璃产量为 7.93 亿重量箱，同比增长 1.1%，增幅减缓 10.1 个百分点，产量增幅明显放缓。主要原因是受房地产景气下降及库存压力影响。

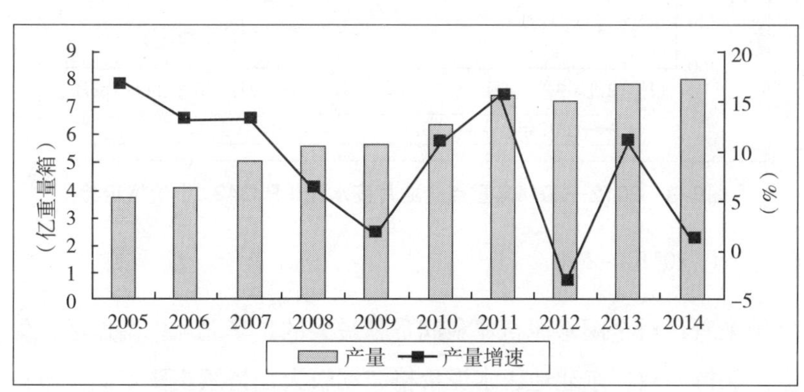

图6–2 2005—2014年平板玻璃产量及增速情况

数据来源：国家统计局，2015 年 2 月。

从地区来看，2014 年河北省平板玻璃产量为 1.23 亿重量箱，湖北省平板玻璃产量为 9051 万重量箱，广东省平板玻璃产量为 8189 万重量箱，山东省平板玻璃产量为7619万重量箱，江苏省平板玻璃产量为5834万重量箱，福建省平板玻璃产量为5241万重量箱，六个地区产量占全国总量超过60%。

二、主要产品价格波动下行

2014年1—12月，建材及非矿产品出厂价格同比上涨0.15%，总体基本保持稳定，其中水泥和平板玻璃等主要产品价格呈现波动下行发展趋势。

（一）水泥行业

2014年全国水泥平均市场价位与2013年基本持平，但是月度走势表现出“前高后低”。图6-3给出了近3年水泥月度价格的走势情况，从图中可以看出，2014年水泥价格的走势情况与2012年较为接近，呈现出震荡下行的趋势。2014年前三季度水泥价格持续下滑，从年初的355元/吨持续下降至9月份的315元/吨，每吨水泥下降了近40元，第四季度虽然季节性出现了反弹迹象，但反弹力度明显偏弱。

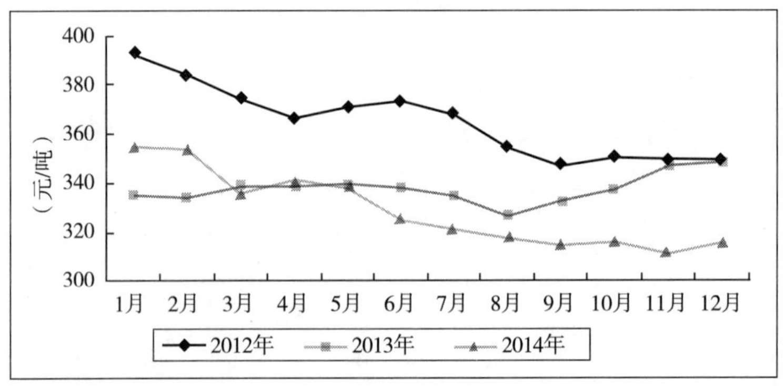

图6-3　2012—2014年重点企业月度水泥（P.O42.5）价格走势

数据来源：Wind，2015年2月。

从区域来看，对全国水泥行业利润贡献最大的是华北和中南地区，价格走势基本与全国保持一致，东北地区水泥价格波动较大，持续震荡走低，市场需求表现乏力，华北地区继续延续2013年需求弱势，在产能过剩背景下，企业间竞争日益激烈，水泥价格是全国六大区域最低水平。

（二）平板玻璃行业

2014年我国平板玻璃行业价格波动幅度相对较大。图6-3给出了重点企业月度平板玻璃（5mm）价格走势图，从图中可以看出，2014年平板玻璃价格整体呈震荡下降趋势，最高价格和最低价格价差约10元/重量箱，主要原因在于平板玻璃产能严重过剩，再加上平板玻璃连续生产无法停窑的特点，库存增加导致价格下降。合理的库存有助于企业抑制市场价格波动，但是库存量过高就会给企业带来极大的经营压力。目前平板玻璃企业库存量大多维持在20—30天产量的水平，产成品库存同比增长15%，造成较大经营压力。

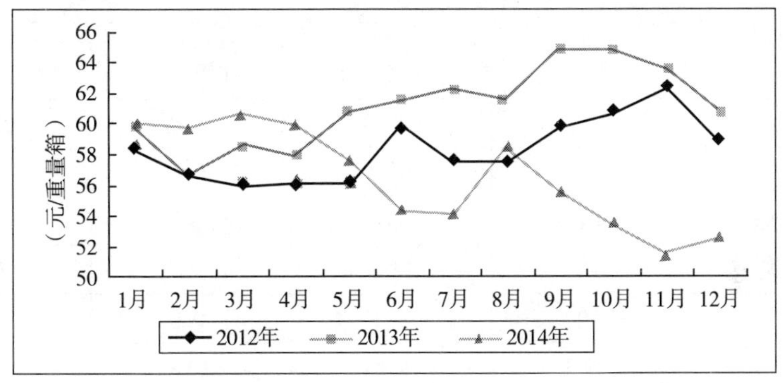

图6-4　2012—2014年重点企业月度平板玻璃（5mm）价格走势

数据来源：Wind，2015年2月。

三、经济效益增幅收窄

2014年规模以上建材企业完成主营业务收入7万亿元，同比增长10.1%，增速同比下降6.9个百分点。其中水泥、玻璃等传统产业主营业务收入增速明显减缓，水泥制造业完成9792亿元，同比增长0.9%，增速同比下降7.7个百分点，平板玻璃行业主营业务收入同比增长0.04%。而低耗能和加工制品产业则发展较快，其主营业务收入占建材工业的比重达到48%，其中水泥制品业完成8600亿元，同比增长13.9%。

2014年1—12月，规模以上建材企业实现利润总额4770万亿元，同比增长4.8%，子行业中利润总额最大的当属水泥行业，共实现利润780亿元，同比增长1.8%，而平板玻璃行业则实现利润15亿元，同比下降64.7%。

虽然2014年建材行业的总体经济效益尚可，但全年主营业务收入和利润总额增速不仅低于2013年增速，而且呈现出逐月收窄的趋势，由年初2月份的13.7%、34.7%下降到12月份的10.1%、4.8%，降幅较大。

四、主要产品进出口有升有降

2014 年建材商品累计进口 463.3 亿美元，同比增长 110.8%，出口金额累计 361.2 亿美元，同比增长 5.3%，其中非金属矿商品进口额大增是出现进出口逆差的主要原因，水泥、平板玻璃等主要建材产品进出口有升有降。

表 6–2　2014 年 1—12 月全国水泥进出口量及金额

商品名称	出口		进口	
	出口数量（万吨）	出口金额（万美元）	进口数量（万吨）	进口金额（万美元）
水泥	1017.3	60669	23.8	2139
白色硅酸盐水泥	7.5	1014	0.6	233
硅酸盐水泥	1001.9	55915	21.9	805
铝酸盐水泥	6.9	3458	1.1	713
其他水泥	1.0	282	0.2	388
水泥熟料	373.3	16551	10.8	486

数据来源：Wind，2015 年 2 月。

2014 年 1—12 月，全国水泥及水泥熟料累计出口 1390 万吨，同比下降 4.3%，出口金额 7.72 亿美元，同比下降 2.9%，从出口国家和地区来看，巴西、美国、刚果、中国香港等地出口量均有所上升；平板玻璃累计出口 2.19 亿平方米，同比增加 12.3%，出口金额累计 14.42 亿美元，同比增长 38.2%。

2014 年 1—12 月，全国水泥及水泥熟料累计进口 34.67 万吨，同比下降 31%，累计进口金额 31.25 亿美元，同比下降 47%；平板玻璃累计进口 27.28 万吨，同比增加 18.57%，累计进口金额 27.1 亿美元，同比增加 7.34%。

第二节　需要关注的几个问题

一、产能严重过剩问题依然突出

2014 年通过提高行业规范标准、推广水泥窑协同处置、鼓励发展玻璃精深加工、强化节能减排和循环利用等措施，对化解水泥、平板玻璃等行业产能严重过剩矛盾发挥了一定作用，产能增长势头得到明显遏制，2014 年水泥、平板玻璃新增产能较 2013 年同期有所放缓，但新增产能的释放压力仍然很大。

截至 2014 年年底，我国平板玻璃总产能约达到 11.4 亿重量箱，较 2013 年年底增加 10%，据不完全统计，目前在建及建成待投产的生产线还有 30 条以上，再加上目前企业库存普遍较高，市场需求不旺，这些产能的释放将会对市场造成严重冲击。

据中国水泥协会统计，2014 年全国新增投产水泥熟料生产线共有 54 条，合计年度新增熟料产能 7030 万吨，其中云南和贵州两省的新增产能占总产能的 36%,还有部分在建项目,预计 2015 年建成投产,由于目前投资水泥行业效益较好,见效快，对中西部地区很有吸引力，因此化解产能过剩问题依然较为严峻。

二、节能减排压力较大

建材行业是能源消耗和污染物排放大户，全行业的能源消费量约占全国能源消费总量的十分之一，年排放烟气粉尘、二氧化硫和氮氧化物的总量也较高，在当前加快建设资源节约型、环境友好型社会的形势下，建材行业节能减排的压力较大。

虽然越来越多的水泥企业开始重视节能降耗，部分企业的能耗已到达国际先进水平，但在实际生产运营中企业的能耗水平参差不齐，造成我国水泥单位能耗相比国外平均水平约高 70kCal/kg，能耗水平依然较高。而在污染物排放方面，最新发布的《水泥工业大气污染物排放标准》中要求现有企业 2015 年 7 月 1 日起执行新的大气污染物排放限值，但由于有效的主动措施不足，目前仍有较多的水泥企业不能达标，节能减排压力较大。

目前我国普通浮法玻璃能耗约为 5600KJ/kg—7500KJ/kg, 比国外平均水平高出约 20%。平板玻璃行业作为我国重点工业污染控制行业之一，由于价格原因，目前我国以天然气等清洁能源为燃料的浮法玻璃生产线仍然占少数，不少浮法线仍以煤焦油、重油，甚至石油焦为燃料，同时对排放的氮氧化物治理措施不足，造成严重的大气污染排放问题。

三、市场秩序有待规范

建材行业污染物排放总量较大，且大部分企业为中小型企业，环保意识较差。目前水泥行业已经成为继火电、机动车尾气之后的第三大氮氧化物排放源，最新的《水泥工业大气污染物排放标准》将氮氧化物排放限值降低至 400mg/m^3，水泥企业要达到排放标准，需配备相应的脱硝设施，吨熟料成本将增加 5—8 元。

目前由于监管力度不够、执法不严等问题，导致一些大企业为减少大气污染物排放通过技术改造的形式配套了脱硝等环保设施，生产成本大幅增加，而一些小企业在未完善其环保设施的情况下，也未受到任何处罚，造成了市场的不公平竞争。

市场监管不到位、知识产权保护体系不健全，再加上假冒伪劣产品生产成本低、利润高，许多企业甘冒风险，导致部分无证生产和假冒伪劣产品流入市场。这种现象在陶瓷、防水材料等建筑辅材市场表现更为严重，由于投诉困难、维权困难，新产品刚上市就遭遇专利或外观抄袭的现象时有发生，因此企业研发新产品的动力越发不足，而选择依靠低价竞争的模式争取市场，造成市场秩序混乱，不利于行业的健康可持续发展。

四、技术创新投入不足

目前我国大部分建材企业集团已经逐渐从规模数量扩张转向技术和管理水平的提高，技术创新投入有所增加，但与世界发达国家相比仍显不足。由于建材行业中小企业偏多，目前只有为数不多的大型建材企业集团建立了自己的技术研发体系，大多数的企业在技术创新方面的投入仍显不足。

从陶瓷行业来看，我国是世界上最大的瓷砖制造、消费和出口大国，但是技术创新能力严重不足，其中约四成的企业没有研发投入或研发计划，主要依靠廉价的劳动力和参差不齐的市场环境来发展，市场跟风现象严重，目前高端陶瓷产品生产所需的先进工艺和核心设备都主要依赖进口。

按照目前国际的平均标准，企业作为创新主体，其研究开发费用投入占到企业销售收入的 2% 左右是企业维持活力的基本条件；若想在同行业中保持领先的创新优势，研究开发费用则必须占到销售收入的 5% 以上。近年来，我国建材行业固定资产投资大幅增长，但是技术创新投入却未能相应提高，目前我国建材行业中只有极个别的企业集团能够达到国际的平均水平，大多数的企业还定位在加工厂，没能成为创新主体。

第七章　稀土行业

第一节　基本判断

一、市场供需分析

从供给方面看。2014 年，我国稀土开采总量控制指标管理和冶炼分离产品生产总量控制计划管理政策继续执行。综合考虑稀土市场全球实际供求关系和国内企业的生产能力，2014 年稀土开采总量控制指标上调至 10.5 万吨，较 2013 年的 9.38 万吨增加了 11.94%。另外，稀土违规生产现象得到有效控制，市场经营秩序得到改善。随着打击稀土违法违规行为专项行动等政策的有效实施，稀土行业管理逐步收紧，同时，受下游应用市场发展不景气，稀土价格持续下跌等因素影响，违规稀土产品数量也逐步下降。

从需求方面看。2014 年，稀土冶炼分离产品消费量呈现恢复性增长态势。2014 年，我国稀土冶炼分离产品消费量为 8.64 万吨，同比增长 1.5%。其中，传统领域消费量为 3.19 万吨，新材料领域消费量为 5.45 万吨，稀土新材料领域消费仍然占据主要地位。

总体来看，我国稀土供给总量有所收紧，但稀土价格呈现低迷状态，稀土下游应用市场尚未打开，稀土消费需求相对低迷。整体稀土供过于求的市场格局仍然存在。

二、行业投资情况

在国家政策和市场作用影响下，稀土行业开始向创新驱动方式转变，稀土行业投资更注重技术升级和环保改造。根据中国有色金属工业协会统计分析，由于稀土矿山整合和企业环保改造基本完成，稀土矿山投资额进一步下降。2014年1—11月，全国稀土金属矿采选业固定资产投资额为15.54亿元，同比下降31.34%。而稀土冶炼分离企业受企业搬迁、技术升级和环保整改等因素的影响，投资额进一步上升。2014年1—11月，稀土金属冶炼业固定资产投资额为77.02亿元，同比增长43.48%。

三、产品价格走势

2014年，我国稀土产品价格整体呈现下跌趋势，仅部分稀土产品价格在年底出现小幅反弹。价格持续低迷的原因主要是受稀土下游消费需求不旺、稀土产品供给过剩、市场稀土产品库存量较大等多种因素影响。

从具体稀土产品来看：稀土价格最高的为氧化镥，2014年平均价格为7681.27元/公斤；而使用最为普遍的氧化钕，年均价格为303.09元/公斤；氧化镝年均价格为1617.31元/公斤；氧化钇年均价格为48.18元/公斤。

氧化镧、氧化铈产品的年均价格维持在18—19元/公斤。其中氧化镧的月均价从1月份的24元/公斤回落到12月份的13.22元/公斤，下跌幅度为44.9%；氧化铈的月均价也从1月份的24元/公斤下跌至12月份的12.22元/公斤，下跌幅度为49.1%。

镨、钕类产品价格差异较大，但镨钕产品的使用量仍居首位。2014年，氧化镨的年均价格为545.15元/公斤，月均价从1月份的581.7元/公斤下降到12月份的419.38元/公斤，下跌幅度为27.9%；氧化钕的年均价格为303.09元/公斤，月均价从1月份的316.4元/公斤下降到12月份的275元/公斤，下跌幅度为13.1%；氧化镨钕的年均价格为312.94元/公斤，月均价从1月份的328.3元/公斤下降到12月份的281.03元/公斤，下跌幅度为14.4%；镨钕金属的年均价格为401.84元/公斤，月均价从1月份的407元/公斤下降到12月份的369.38元/公斤，下跌幅度最低，为9.2%。

荧光粉的原料产品氧化铕、氧化钇和氧化铽受行业低迷影响，使用量大幅下降，价格均呈下跌趋势。2014年，氧化铕的年均价格为3453.72元/公斤，月均价从1月份的4607.3元/公斤下降到12月份的1887.5元/公斤，下跌幅度高达59%；氧化钇的年均价格为48.18元/公斤，月均价从1月份的66.7元/公斤下降到12月份的35元/公斤，下跌幅度高达47.5%；而氧化铽的年均价格为

3073.4 元 / 公斤，月均价从 1 月份的 3588.5 元 / 公斤下降到 12 月份的 2950 元 / 公斤，下跌幅度为 17.8%。主要是由于氧化铽产量较少，而金属铽可应用于高性能钕铁硼材料，情况较好一些。

氧化镝价格较为波动。2014 年，氧化镝的年均价格为 1617.31 元 / 公斤，月均价从 1 月份的 1855.5 元 / 公斤下降到 12 月份的 1532.5 元 / 公斤，下跌幅度为 17.4%，而在年底 11 月—12 月，氧化镝价格呈现小幅反弹，主要是受国家收储政策的影响。

表 7–1　2014 年全国稀土主要产品平均价格（单位：元 / 公斤）

产品名	纯度	2014年平均价
氧化镧	≥99%	18.83
氧化铈	≥99%	18.33
氧化镨	≥99%	545.15
氧化钕	≥99%	303.09
氧化钐	≥99.9%	20.17
氧化铕	≥99.99%	3453.72
氧化钆	≥99%	131.99
钆铁	≥99% Gd75% ± 2%	147.45
氧化铽	≥99.9%	3073.40
氧化镝	≥99%	1617.31
镝铁	≥99% Dy80%	1523.97
氧化钬	≥99.5%	345.01
钬铁	≥99% Ho80%	363.06
氧化铒	≥99%	310.81
氧化镱	≥99.99%	287.49
氧化镥	≥99.9%	7681.27
氧化钇	≥99.999%	48.18
氧化镨钕	≥99% Nd2O375%	312.94
镨钕金属	≥99% Nd 75%	401.84

数据来源：中国稀土行业协会，2015 年 2 月。

四、经济效益分析

稀土行业经济效益水平呈现明显分化现象：稀土矿产品环节利润呈增长状

态；而稀土冶炼分离产品环节利润同比下降。2014 年 1—11 月，全国稀土金属矿采选业实现利润 7.27 亿元，同比增长 8.29%；而全国稀土冶炼分离业实现利润 35.25 亿元，同比下降 37.87%。出现这一现象的原因主要包括两方面：一是国家对稀土违规开采行为的严格控制，减少了违规矿产品的数量，市场总供给水平的下降有力支撑了计划内稀土矿开采企业的经济效益；二是稀土冶炼分离行业同时受供给和需求的双重压力，另外，企业也面临转型升级的压力，企业利润进一步下降。

五、稀土进出口

2014 年全年累计出口稀土 2.78 万吨，同比增长 23.5%；累计出口金额约 3.7 亿美元，同比下跌 35.5%。其中，稀土氧化物出口 1.67 万吨，同比增长 15.7%，出口金额 2.38 亿美元，同比下降 41.5%；稀土金属出口 3738 吨，同比增长 20.3%，出口金额 7734 万美元，同比下降约 30.6%；稀土盐类出口约 7270 吨，同比增长 47%，出口金额约 5631 万美元，同比增长 3.1%。整体呈量增价跌的出口现状。

从目前看，2015 年单纯取消稀土出口配额，可能对稀土出口市场影响并不大，因为近三年稀土配额指标并没有用完；稀土出口量上涨主要是稀土价格较低的原因。据了解，目前国外稀土企业也是观望后市，不急于下单，静观 2015 年国内稀土出口政策的变化。

2014 年全年累计进口稀土氧化物及化合物 3467 吨，同比下降 5.4%，进口金额 6242 万美元，同比下降 60%；稀土金属进口 5.7 吨，同比下降 53%，进口金额 100 万美元，同比下降 27%。

第二节　需要关注的几个问题

一、稀土产能过剩问题突出

稀土冶炼分离产品产能严重过剩。一是稀土冶炼分离核心技术知识产权不明晰，导致冶炼分离行业进入门槛较低，企业数目过多。据稀土行业协会统计，我国稀土冶炼分离企业约 120 家，冶炼分离产能达 40 万吨左右，而目前世界市场需求总计 11 万—15 万吨 / 年，产能是实际需求的约 3 倍。二是由于应用产品需求差异，导致氧化镧和氧化铈等部分稀土元素产能过剩。三是部分地方政府审批稀土资源回收利用项目缺乏全局观。随着稀土价格高涨，部分地区大批建设稀土资源回收利用项目，存在假借回收利用违规加工稀土矿产品的现象，进一步加剧产能过剩。据统计，目前全国现有已投产稀土资源回收项目处理钕铁硼废料能力达到 20 多万吨，超过全国钕铁硼废料产生量的 6 倍左右。

稀土功能材料初级产品产能过剩。一是初级加工产品低端化导致产能过剩。我国生产的稀土加工产品主要集中在永磁材料、发光材料、储氢材料和抛光粉等中低端，国内使用的大部分高端材料则需要进口。二是地方稀土产业园区规划的遍地开花和无序重复建设加剧了稀土功能材料初级产品产能的进一步过剩。据统计，目前全国已建稀土产业园区 19 个，与此同时，各地还在筹划建设稀土产业园区。另外，现有稀土产业园区规划雷同，多以资源为核心向中下游产业链延伸，集中发展稀土功能材料，产品大多在粗加工阶段，下游高端应用产品发展较少涉及。三是 2011 年稀土价格高涨，促使稀土应用企业加大了寻找稀土替代产品和替代技术的力度。目前，国外已经出现了稀土永磁体替代技术、稀土减量技术、稀土抛光粉重复利用策略和抛光过程中氧化铈抛光粉的替代工艺，抑制了对传统稀土功能材料的消费需求。

二、资源储量与开采标准亟待制定

稀土储量是相对概念，对特定稀土矿，边界品位越低，资源储量越高；过低的边界品位，其经济可开采性也相应降低。国内与国外稀土资源储量标准不一致，需要规范。我国主要北方轻稀土矿山和南方中重稀土矿山缺乏开采与安全防护规范标准，需根据矿山运行、资源差异制定开采标准，以实现稀土资源合理开发。

三、南方非法开采依然严重

据估计，南方离子吸附型稀土矿市场需求约 4 万—5 万吨 / 年，而 2013 年矿产品指令性计划南方矿 1.79 万吨，2012 年以前是 1.34 万吨，仅为市场需求的三分之一。受稀土矿产品指令性计划不足以及稀土资源税影响，非法开采存在巨大的市场空间和利润空间。

四、总量控制指标严重不足

近年来，我国总量控制指标稀土矿产品 9.38 万吨，冶炼分离产品 9.04 万吨，可生产出大约 1.8 万吨氧化镨钕供应钕铁硼企业；但我国钕铁硼行业对氧化镨钕的实际需求约为 3 万吨，对应稀土矿供应量约为 15 万吨。2014 年稀土矿总量控制指标为 10. 万吨，仍低于市场需求。总量控制计划指令计划严重不足是超指标开采和非法开采的原因之一。市场需求与指令性计划的巨大差异导致生产企业超指标生产、瞒报生产统计数据现象普遍存在。

五、稀土行业产业链延伸不足

低端产品过剩、高端产品匮乏。受制于国外专利和国内技术研发水平，我国在稀土新材料和稀土终端应用领域发展明显不足。国外的市场专利技术壁垒限制了我国稀土新材料的研发应用，高端材料的生产技术还存在一定差距。而稀土产业链中附加值最高的稀土终端应用元器件和商业化产品开发也是我国稀土产业的发展短板。目前国内稀土应用企业多集中在钕铁硼永磁体、发光照明材料和镍氢电池三大行业，在高性能计算机、智能制造、航空航天等其他高端稀土应用方面少有涉猎。我国稀土深加工发展不足的原因主要有三个方面，一是技术欠缺；二是国内对稀土功能材料和稀土应用产品消费量不足；三是产业化发展尚存在问题。

稀土深加工领域知识产权缺失。我国在稀土开采、冶炼分离和应用技术的研发取得较大进步，但是对稀土功能材料深加工环节的核心技术专利还没有真正掌握，稀土行业知识产权存在短板。我国稀土磁性材料专利数目较多，但多为永磁材料、软磁材料的产品与制造方法专利，在下游应用专利申请和高端应用领域却较少涉足；稀土发光材料专利技术相对较少，而且多属于照明、装饰等低端领域，在防伪、物联网识别和未来显示等高端领域应用较少；稀土储氢材料专利基本为高校和研究机构所有，尚未实现产业化。

区 域 篇

第八章　东部地区

第一节　石化行业

一、生产情况

2014 年，东部地区尿素、硫酸、烧碱、乙烯、合成纤维和合成橡胶等产品产量分别为 895.08 万吨、2006.34 万吨、1424.92 万吨、1129.44 万吨、3823.91 万吨和 386.11 万吨。与 2013 年相比，除尿素外，其他产品产量均不同程度增长，其中合成橡胶产量增幅最大，达 35.10%。

表 8-1　2014 年东部地区化工产品生产情况（单位：万吨，%）

省份	尿素		硫酸		烧碱		乙烯		合成纤维		合成橡胶	
	产量	同比	产量	同比	产量	同比	产量	同比	产量	同比	产量	同比
北京	—	—	—	—	—	—	77.6	7.4	0.1	9.9	18.2	−11.1
天津	0.4	−3.5	24.5	−13.7	94.1	−7.7	129.0	−1.4	11.6	−4.4	6.7	11.8
河北	177.1	−3.0	159.2	−2.9	120.7	18.9	—	—	6.1	5.7	4.1	36.5
辽宁	53.8	−14.1	180.6	1.0	51.9	11.8	161.6	20.4	8.4	−28.1	0.7	−76.2
上海	—	—	18.1	−7.1	73.0	2.6	188.5	−11.1	45.2	−8.1	22.3	−8.0
江苏	115.4	−18.5	356.7	−8.2	376.4	1.7	152.7	6.3	1225.5	−0.1	143.1	5.8
浙江	8.8	−14.6	176.6	56.6	151.2	5.7	97.1	−12.6	1972.9	11.5	29.3	8.4
福建	21.6	−29.2	186.6	20.8	23.9	18.1	—	—	439.8	12.3	—	—
山东	451.8	−8.0	626.0	6.8	507.6	10.9	83.2	10.5	58.7	−3.5	82.1	38.3

（续表）

省份	尿素		硫酸		烧碱		乙烯		合成纤维		合成橡胶	
	产量	同比	产量	同比	产量	同比	产量	同比	产量	同比	产量	同比
广东	—	—	278.2	-1.7	26.0	1.4	239.7	0.6	55.6	1.4	79.6	17.2
海南	66.3	0.6	—	—	—	—	—	—	—	—	—	—
东部地区	895.1	-9.0	2006.3	7.9	1424.9	9.0	1129.4	1.0	3823.9	7.7	386.1	35.1

数据来源：Wind，2015 年 2 月。

二、经营情况

2014 年，东部地区化工产业资产总计 39596.44 亿元，负债总计 21721.93 亿元，资产负债率为 54.86%，同比下降 0.76 个百分点。东部地区化工产业实现主营业务收入 56212.42 亿元，利润 3090.73 亿元，销售利润率为 5.50%，较 2013 年下降 0.32 个百分点。

表 8-2　东部地区化工产业资产与负债情况（单位：亿元，%）

区域	2014年			2013年
	资产总计	负债总计	资产负债率	资产负债率
北京	494.7	255.6	51.7	56.0
天津	1473.6	918.9	62.4	60.9
河北	1906.3	1114.8	58.5	57.3
辽宁	2355.4	1514.6	64.3	64.7
上海	2518.0	1209.6	48.0	50.2
江苏	10373.1	5569.6	53.7	54.5
浙江	5363.5	3062.0	57.1	57.2
福建	1442.4	884.9	61.4	57.8
山东	9605.3	5230.1	54.5	57.3
广东	3755.7	1848.7	49.2	48.3
海南	308.5	113.1	36.7	35.9
东部地区	39596.4	21721.9	54.9	55.6

数据来源：Wind，2015年2月。

表 8–3　东部地区化工行业主营业务收入及利润情况（单位：亿元，%）

区域	2014年			2013年
	主营业务收入	利润总额	销售利润率	销售利润率
北京	355.4	26.0	7.3	0.0
天津	1434.3	50.7	3.5	3.2
河北	2445.5	151.2	6.2	6.3
辽宁	3071.4	9.9	0.3	1.2
上海	2780.4	129.3	4.7	5.4
江苏	16216.8	953.1	5.9	5.8
浙江	5942.9	316.9	5.3	5.8
福建	1635.6	45.1	2.8	3.3
山东	16469.6	1030.6	6.3	6.9
广东	5677.4	361.8	6.4	7.2
海南	183.2	16.2	8.9	30.2
东部地区	56212.4	3090.7	5.5	5.8

数据来源：Wind，2015年2月。

第二节　钢铁行业

一、生产情况

东部地区仍然是我国钢铁主产区，2014 年生铁、粗钢和钢材产量分别为 43855.6 万吨、51014.0 万吨和 73611.4 万吨，占全国的 61.63%、62.01% 和 65.40%，且生铁、粗钢和钢材产量增速分别为 2.1%、2.3% 和 4.8%，均高于全国平均水平，产量在全国占比进一步增加。

表 8–4　2014 年东部地区钢铁生产情况（单位：万吨，%）

区域	生铁		粗钢		钢材	
	产量	同比	产量	同比	产量	同比
河北省	16932.6	–1.0	18530.3	–0.6	23995.2	5.1
江苏省	7080.1	6.3	10195.5	7.6	13255.2	3.3
辽宁省	6167.7	7.1	6511.4	5.0	6946.0	0.2
山东省	6719.1	2.0	6411.0	1.0	8939.4	9.1
天津市	2182.5	–1.4	2287.1	–0.5	7303.9	7.3
福建省	907.7	5.0	1820.8	3.9	3019.6	8.4

（续表）

区域	生铁		粗钢		钢材	
	产量	同比	产量	同比	产量	同比
天津市	2182.5	–1.4	2287.1	–0.5	7303.9	7.3
福建省	907.7	5.0	1820.8	3.9	3019.6	8.4
上海市	1643.3	0.3	1774.5	–2.0	2309.1	–1.9
浙江省	1140.3	7.6	1748.3	8.8	4171.0	6.7
广东省	1082.4	–0.7	1710.4	1.7	3447.1	2.8
海南省	/	/	22.4	–2.9	29.7	15.6
北京市	/	/	2.1	–10.2	195.0	–10.8
东部地区	43855.6	2.1	51014.0	2.3	73611.4	4.8

数据来源：Wind，2015年2月。

二、经营情况

2014 年，东部地区 11 个省（市）钢铁产业企业共计 6249 家，资产总计 39502.19 亿元，负债总计 25497.65 亿元，资产负债率为 64.55%，较 2013 年下降 2 个百分点。东部地区钢铁产业实现主营业务收入 47078.51 亿元，利润 1268.43 亿元，销售利润率为 2.69%，较 2013 年提高 0.05 个百分点。

表 8–5 东部地区钢铁行业资产与负债情况（单位：亿元，%）

区域	资产总计	负债总计	资产负债率	
			2014年	较上年下降（个百分点）
北京	234.9	131.6	56.0	2.6
天津	4276.5	3165.4	74.0	6.2
河北	10719.4	6950.7	64.8	1.0
辽宁	5902.9	3717.3	63.0	1.3
上海	2293.1	1003.6	43.8	0.7
江苏	6912.3	4420.1	64.0	1.9
浙江	1991.0	1292.4	64.9	4.9
福建	1053.8	704.7	66.9	2.0
山东	4637.6	3090.3	66.6	1.8
广东	1469.0	1013.3	69.0	2.4
海南	11.8	8.3	70.3	78.2
东部地区	39502.2	25497.7	64.6	2.0

数据来源：Wind，2015年2月。

表 8-6 东部地区钢铁行业主营业务收入及利润情况（单位：亿元，%）

区域	主营业务收入	利润总额	销售利润率		
			2014年	2013年	较上年提高（个百分点）
北京	148.1	1.6	1.1	0.6	0.4
天津	5070.5	135.5	2.7	3.4	–0.7
河北	11194.0	209.8	1.9	1.4	0.5
辽宁	5245.1	117.5	2.2	2.8	–0.5
上海	1806.9	65.1	3.6	3.5	0.1
江苏	10783.2	390.3	3.6	3.2	0.5
浙江	2552.1	78.3	3.1	2.7	0.4
福建	1785.9	31.5	1.8	2.6	–0.8
山东	6001.9	176.0	2.9	2.9	0.0
广东	2480.3	63.4	2.6	3.5	–0.9
海南	10.5	–0.6	–5.3	–3.4	–1.8
东部地区	47078.5	1268.4	2.7	2.7	0.1

数据来源：Wind，2015 年 2 月。

第三节 有色行业

一、生产情况

2014 年，东部地区十种有色金属产量共计为 666.55 万吨，较 2013 年增长 16.81%。其中，山东省有色金属产量为 402.57 万吨，同比增长 11.65%。

表 8-7 2014 年东部地区十种有色金属生产情况（单位：万吨，%）

省份	十种有色金属产量	
	累计值	累计同比
北京	—	—
天津	7.5	33.9
河北	17.3	–13.8
辽宁	67.0	–11.7
上海	9.7	9.8
江苏	48.5	–15.6

（续表）

省份	十种有色金属产量	
	累计值	累计同比
浙江	35.6	–7.0
福建	38.8	0.2
山东	402.6	11.7
广东	39.5	–11.4
海南	—	—
东部地区	666.6	16.8

数据来源：Wind，2015年2月。

二、经营情况

2014 年，东部地区有色金属产业资产总计 12364.84 亿元，负债总计 7236.49 亿元，资产负债率为 58.52%，较 2013 年下降 1.87 个百分点。东部地区有色金属产业实现主营业务收入 20375.66 亿元，利润 888.82 亿元，销售利润率为 4.36%，较 2013 年提高 0.13 个百分点。

表 8–8　东部地区有色金属产业资产与负债情况（单位：亿元，%）

区域	2014年			2013年
	资产总计	负债总计	资产负债率	资产负债率
北京	72.6	30.5	42.1	41.4
天津	317.1	208.4	65.7	68.6
河北	344.2	224.9	65.4	67.2
辽宁	1117.0	595.9	53.4	67.2
上海	329.1	195.1	59.3	60.0
江苏	1762.6	1083.1	61.5	64.3
浙江	1492.1	1001.2	67.1	67.3
福建	1113.1	618.1	55.5	54.3
山东	3864.5	1910.6	49.4	51.0
广东	1947.8	1365.9	70.1	68.0
海南	4.8	2.7	56.9	80.1
东部地区	12364.8	7236.5	58.5	60.4

数据来源：Wind，2015年2月。

表 8-9　东部地区有色金属行业主营业务收入及利润情况（单位：亿元，%）

区域	2014年			2013年
	主营业务收入	利润总额	销售利润率	销售利润率
北京	72.8	2.9	4.0	4.2
天津	1061.1	55.7	5.3	2.9
河北	527.0	23.5	4.5	5.7
辽宁	1247.7	69.5	5.6	6.6
上海	467.3	13.7	2.9	2.6
江苏	3797.8	144.8	3.8	3.5
浙江	2454.6	55.9	2.3	2.6
福建	1204.8	60.5	5.0	5.8
山东	6426.8	365.9	5.7	5.7
广东	3113.1	95.5	3.1	2.3
海南	2.8	0.9	31.5	17.1
东部地区	20375.7	888.8	4.4	4.2

数据来源：Wind，2015年2月。

第四节　建材行业

一、生产情况

2014 年，东部地区水泥和平板玻璃产量分别为 91560.59 万吨和 49009.06 万重量箱，分别同比增长 0.36% 和 0.80%。其中，广东省水泥产量为 14737.37 万吨，同比增长 12.77%，在东部地区涨幅最大，北京水泥产量为 703.10 万吨，同比降低 18.84%；河北省平板玻璃产量东部最多，为 12292.63 万重量箱。

表 8-10　2014 年东部地区建材行业生产情况（单位：万吨，万重量箱，%）

省份	水泥产量		平板玻璃产量	
	累计值	累计同比	累计值	累计同比
北京	703.1	–18.8	40.9	29.0
天津	957.9	–1.0	3284.7	48.4
河北	10625.5	–15.1	12292.6	–2.4
辽宁	5790.7	–4.2	2529.8	–16.1
上海	686.0	–8.7	0.0	0.0

（续表）

省份	水泥产量		平板玻璃产量	
	累计值	累计同比	累计值	累计同比
江苏	19402.6	3.7	5833.9	–3.8
浙江	12367.5	–0.5	3978.0	5.2
福建	7732.3	–1.4	5241.4	11.5
山东	16406.0	–0.8	7618.6	–4.1
广东	14737.4	12.8	8189.2	–4.6
海南	2151.7	8.3	0.0	0.0
东部地区	91560.6	0.4	49009.1	0.8

数据来源：Wind，2015年2月。

二、经营情况

2014年，东部地区建材产业资产总计21970.77亿元，负债总计12004.61亿元，资产负债率为54.64%，较2013年下降1.78个百分点。东部地区建材产业实现主营业务收入28303.34亿元，利润1820.18亿元，销售利润率为6.43%，较2013年下降0.25个百分点。

表8–11　2014年东部地区建材行业资产与负债情况（单位：亿元，%）

区域	2014年			2013年
	资产总计	负债总计	资产负债率	资产负债率
北京	931.7	569.0	61.1	60.8
天津	484.5	277.5	57.3	55.3
河北	2261.0	1338.2	59.2	59.0
辽宁	2011.0	1037.0	51.6	52.8
上海	772.6	447.4	57.9	60.6
江苏	3489.5	2033.0	58.3	60.6
浙江	2375.3	1476.2	62.2	63.1
福建	1756.2	832.5	47.4	48.4
山东	4564.0	2150.7	47.1	50.3
广东	3150.8	1757.1	55.8	57.7
海南	174.3	86.1	49.4	54.5
东部地区	21970.8	12004.6	54.6	56.4

数据来源：Wind，2015年2月。

表 8-12　东部地区建材行业主营业务收入及利润情况（单位：亿元，%）

区域	2014年		2013年	
	主营业务收入	利润总额	销售利润率	销售利润率
北京	527.9	15.3	2.9	3.8
天津	365.9	15.8	4.3	4.1
河北	1850.2	82.3	4.5	5.5
辽宁	3690.6	169.3	4.6	5.6
上海	618.2	35.9	5.8	4.8
江苏	4518.9	286.7	6.3	6.5
浙江	2011.2	132.5	6.6	6.2
福建	2511.2	186.8	7.4	7.6
山东	7710.9	585.6	7.6	8.1
广东	4371.2	293.7	6.7	6.7
海南	127.2	16.4	12.9	1.9
东部地区	28303.3	1820.2	6.4	6.7

数据来源：Wind，2015年2月。

第九章 中部地区

第一节 石化行业

一、生产情况

2014年，中部地区尿素、硫酸、烧碱、乙烯、合成纤维和合成橡胶等产品产量分别为1331.10万吨、2643.95万吨、453.37万吨、200.87万吨、132.39万吨和92.09万吨。与2013年相比，产量均分别增长2.71%、12.72%、1.60%、11.93%、15.93%和28.65%。

表9-1 2014年中部地区化工行业生产情况（单位：万吨，%）

省份	尿素		硫酸		烧碱		乙烯		合成纤维		合成橡胶	
	产量	同比	产量	同比	产量	同比	产量	同比	产量	同比	产量	同比
山西	410.9	–1.1	41.8	202.8	44.0	–7.0	—	—	—	—	2.0	–6.5
吉林	14.5	–27.7	64.4	37.3	14.8	–20.2	73.4	–3.2	32.5	48.4	17.7	–1.1
黑龙江	41.7	–27.7	2.8	–34.5	—	—	103.9	36.7	7.7	6.6	13.1	41.2
安徽	151.2	2.4	636.3	8.9	63.5	39.9	—	—	21.9	–17.5	1.6	15.8
江西	104.3	27.5	333.7	3.2	27.8	31.7	—	—	8.6	7.1	1.6	—
河南	398.5	14.6	476.0	–2.9	159.2	–2.4	23.6	–5.1	40.0	10.2	10.3	0.3
湖北	193.2	2.9	691.3	6.4	84.4	4.8	—	—	15.3	8.9	16.5	32.9
湖南	16.9	–56.0	397.6	7.9	59.7	–15.0	—	—	6.5	12.7	29.3	–5.3
中部地区	1331.1	2.7	2644.0	12.7	453.4	1.6	200.9	11.9	132.4	15.9	92.1	28.7

数据来源：Wind，2015年2月。

二、经营情况

2014 年，中部地区化工产业资产总计 12530.1 亿元，负债总计 7079.17 亿元，资产负债率为 56.50%，较 2013 年下降 0.04 个百分点。中部地区化工产业实现主营业务收入 17249.26 亿元，利润 832.58 亿元，销售利润率 4.83%，较 2013 年提升 0.08 个百分点。

表 9-2　中部地区化工行业资产与负债情况（单位：亿元，%）

省份	2014年			2013年
	资产总计	负债总计	资产负债率	资产负债率
山西	1248.5	937.0	75.1	71.9
吉林	904.0	437.8	48.4	45.1
黑龙江	399.7	217.5	54.4	60.4
安徽	1623.9	938.4	57.8	59.7
江西	1339.3	739.8	55.2	57.5
河南	3071.8	1573.3	51.2	49.9
湖北	2725.1	1688.5	62.0	61.1
湖南	1217.9	546.8	44.9	47.1
中部地区	12530.1	7079.2	56.5	56.5

数据来源：Wind，2015年2月。

表 9-3　中部地区化工行业主营业务收入及利润情况（单位：亿元，%）

区域	2014年			2013年
	主营业务收入	利润总额	销售利润率	销售利润率
山西	760.9	-7.0	-0.9	-1.8
吉林	1636.4	1.1	0.1	-0.5
黑龙江	538.0	29.4	5.5	4.8
安徽	1958.9	117.5	6.0	6.6
江西	2219.6	170.2	7.7	7.2
河南	3634.0	220.0	6.1	6.4
湖北	3746.2	168.5	4.5	4.7
湖南	2755.3	132.8	4.8	4.9
中部地区	17249.3	832.6	4.8	4.8

数据来源：Wind，2015年2月。

第二节 钢铁行业

一、生产情况

2014 年，中部地区生铁、粗钢和钢材产量分别为 16713.4 万吨、18609.3 万吨和 22596.0 万吨，分别占全国的 23.49%、22.62% 和 20.08%。与 2013 年相比，中部地区生铁和粗钢产量分别下降 0.9% 和 1.2%，钢材产量增长 3.4%。

表 9–4 中部地区钢铁生产情况（单位：万吨，%）

省份	生铁		粗钢		钢材	
	产量	同比增长	产量	同比增长	产量	同比增长
安徽	1998.6	–1.6	2451.4	3.9	3265.7	3.6
河南	2779.6	8.1	2882.2	3.8	4704.1	10.4
黑龙江	456.7	–36.2	476.3	–37.6	483.5	–25.0
湖北	2437.6	0.8	3056.4	2.6	3429.0	2.5
湖南	1780.7	2.8	1917.6	4.3	1989.3	0.1
吉林	1132.8	1.5	1264.8	–1.4	1412.2	–6.1
江西	2075.3	3.1	2235.3	3.6	2611.1	5.5
山西	4052.0	–5.0	4325.4	–7.4	4701.0	4.8
中部地区	16713.4	–0.9	18609.3	–1.2	22596.0	3.4

数据来源：Wind，2015年2月。

二、经营情况

2014 年，中部地区钢铁产业资产总计 13215.35 亿元，负债总计 8509.06 亿元，资产负债率为 64.39%，较 2013 年下降 1.56 个百分点。中部地区钢铁产业实现主营业务收入 15638.32 亿元，利润 359.83 亿元，销售利润率为 2.30%，较 2013 年下降 0.12 个百分点。

表 9-5　中部地区钢铁行业资产与负债情况（单位：亿元，%）

省份	资产总计	负债总计	资产负债率		
			2014年	2013年	较上年下降（个百分点）
山西	2863.1	2022.6	70.6	69.9	–0.8
吉林	754.7	528.6	70.0	72.9	2.9
黑龙江	505.1	455.5	90.2	82.3	–7.9
安徽	1665.1	1008.1	60.5	64.3	3.8
江西	785.2	520.6	66.3	67.6	1.3
河南	2360.8	1193.8	50.6	53.3	2.8
湖北	3106.1	1958.7	63.1	65.4	2.4
湖南	1175.3	821.3	69.9	70.3	0.4
中部地区	13215.4	8509.1	64.4	65.9	1.6

数据来源：Wind，2015年2月。

表 9-6　中部地区钢铁行业主营业务收入及利润情况（单位：亿元，%）

省份	主营业务收入	利润总额	销售利润率		
			2014年	2013年	较上年提高（个百分点）
山西	2892.5	–7.2	–0.3	0.6	–0.9
吉林	715.2	2.0	0.3	–0.2	0.5
黑龙江	264.4	–11.8	–4.5	1.6	–6.0
安徽	2323.9	73.4	3.2	3.0	0.1
江西	1418.8	48.9	3.5	3.6	–0.1
河南	3730.6	186.4	5.0	5.4	–0.4
湖北	2691.5	25.8	1.0	1.0	0.0
湖南	1601.3	42.4	2.7	2.7	0.0
中部地区	15638.3	359.8	2.3	2.4	–0.1

数据来源：Wind，2015年2月。

第三节　有色行业

一、生产情况

2014 年，中部地区十种有色金属产量共计 1361.12 万吨，同比下降 0.54%。其中，河南有色金属产量为 529.79 万吨，为中部最多。

表 9-7　2014 年中部地区十种有色金属生产情况（单位：万吨，%）

省份	十种有色金属产量	
	累计值	累计同比
山西	122.4	–10.8
吉林	0.6	–30.4
黑龙江	0.1	–47.5
安徽	137.5	7.1
江西	165.1	6.5
河南	529.8	–1.2
湖北	106.3	–1.1
湖南	299.4	0.9
中部地区	1361.1	–0.5

数据来源：Wind，2015年2月。

二、经营情况

2014 年，中部地区有色金属产业资产总计 10698.05 亿元，负债总计 6863.74 亿元，资产负债率为 64.16%，较 2013 年上升 0.87 个百分点。中部地区有色金属产业实现主营业务收入 18509.94 亿元，利润 489.77 亿元，销售利润率 2.65%，较 2013 年下降 0.25 个百分点。

表 9-8　中部地区有色金属行业资产与负债情况（单位：亿元，%）

省份	2014年			2013年
	资产总计	负债总计	资产负债率	资产负债率
山西	710.0	544.6	76.7	77.9
吉林	660.0	514.6	78.0	75.0
黑龙江	78.5	53.6	68.3	66.6
安徽	1202.4	844.5	70.2	72.5
江西	2677.4	1436.1	53.6	51.5
河南	3703.7	2479.3	66.9	65.5
湖北	554.2	379.3	68.4	66.5
湖南	1111.9	611.7	55.0	54.9
中部地区	10698.1	6863.7	64.2	63.3

数据来源：Wind，2015 年 2 月。

表 9-9　中部地区有色金属行业主营业务收入及利润情况（单位：亿元，%）

区域	2014年		2013年	
	主营业务收入	利润总额	销售利润率	销售利润率
山西	511.4	–13.4	–2.6	–0.3
吉林	211.8	5.8	2.7	3.6
黑龙江	35.7	0.3	0.8	3.4
安徽	2594.3	17.8	0.7	1.1
江西	6159.6	273.8	4.5	4.6
河南	4680.4	112.1	2.4	2.4
湖北	1549.3	8.1	0.5	0.8
湖南	2767.6	85.3	3.1	3.5
中部地区	18509.9	489.8	2.7	2.9

数据来源：Wind，2015 年 2 月。

第四节　建材行业

一、生产情况

2014 年，中部地区水泥和平板玻璃产量分别为 76240.28 万吨和 18138.13 万重量箱，同比增长 3.11% 和 1.05%。其中，河南水泥产量最多，达 16975.34 万吨；湖北平板玻璃产量最多，达 9051.13 万重量箱。

表 9-10　2014 年中部地区建材行业生产情况（单位：万吨，万重量箱，%）

省份	水泥产量		平板玻璃产量	
	累计值	累计同比	累计值	累计同比
山西	4537.9	–7.7	1758.9	–14.8
吉林	4663.7	1.5	1190.5	226.7
黑龙江	3672.1	–9.2	415.5	–0.1
安徽	12913.1	1.6	2545.0	–15.3
江西	9803.6	6.3	513.0	–22.6
河南	16975.3	1.7	1456.0	28.6
湖北	11669.9	3.1	9051.1	11.0
湖南	12004.6	5.8	1208.2	–33.1
中部地区	76240.3	3.1	18138.1	1.1

数据来源：Wind，2015 年 2 月。

二、经营情况

2014 年，中部地区建材产业资产总计 13873.23 亿元，负债总计 6392.95 亿元，资产负债率为 46.08%，较 2013 年下降 0.65 个百分点。中部地区建材产业实现主营业务收入 19766.35 亿元，利润 1541.08 亿元，销售利润率 7.80%，较 2013 年下降 0.64 个百分点。

表 9-11 中部地区建材行业资产与负债情况（单位：亿元，%）

省份	2014年		2013年	
	资产总计	负债总计	资产负债率	资产负债率
山西	659.9	477.7	72.4	69.8
吉林	1104.1	628.0	56.9	55.9
黑龙江	547.0	332.4	60.8	61.8
安徽	1793.0	898.6	50.1	51.8
江西	1360.3	616.2	45.3	47.7
河南	5244.7	1946.3	37.1	38.2
湖北	1777.4	873.4	49.1	46.6
湖南	1386.9	620.3	44.7	43.9
中部地区	13873.2	6393.0	46.1	46.7

数据来源：Wind，2015 年 2 月。

表 9-12 中部地区建材行业主营业务收入及利润情况（单位：亿元，%）

省份	2014年		2013年	
	主营业务收入	利润总额	销售利润率	销售利润率
山西	353.9	–2.0	–0.6	2.1
吉林	1502.3	64.4	4.3	5.1
黑龙江	511.0	38.2	7.5	7.5
安徽	2090.7	172.6	8.3	8.5
江西	2469.6	238.7	9.7	10.2
河南	7553.5	698.7	9.3	10.4
湖北	2766.9	190.0	6.9	6.9
湖南	2518.4	140.6	5.6	6.1
中部地区	19766.4	1541.1	7.8	8.4

数据来源：Wind，2015 年 2 月。

第十章　西部地区

第一节　石化行业

一、生产情况

2014 年，西部地区尿素、硫酸、烧碱、乙烯、合成纤维和合成橡胶等产品产量分别为 973.07 万吨、4196.05 万吨、774.07 万吨、191.46 万吨、84.81 万吨和 41.45 万吨。与 2013 年相比，尿素和乙烯产量分别下降 5.73% 和 2.00%，硫酸、烧碱、合成纤维和合成橡胶等分别增长 8.36%、17.00%、16.40% 和 18.32%。

表 10–1　2014 年西部地区化工行业生产情况（单位：万吨，%）

省份	尿素		硫酸		烧碱		乙烯		合成纤维		合成橡胶	
	产量	同比	产量	同比	产量	同比	产量	同比	产量	同比	产量	同比
内蒙古	112.3	9.3	283.8	3.2	215.1	33.7	—	—	3.0	0.4	—	—
广西	27.5	–20.0	329.9	14.4	35.0	–19.5	—	—	—	—	—	—
重庆	88.4	–8.6	202.8	–2.0	29.6	–2.7	—	—	5.0	8.9	2.6	–2.7
四川	175.4	–16.8	695.3	17.3	95.4	4.2	—	—	76.2	7.4	18.7	23.5
贵州	93.9	–12.4	689.4	5.7	—	—	—	—	—	—	—	—
云南	67.4	–16.8	1371.4	2.9	23.2	–3.6	—	—	—	—	11.5	28.8
西藏	—	—	—	—	—	—	—	—	—	—	—	—
陕西	139.1	153.8	132.5	2.9	82.3	35.5	—	—	—	—	—	—
甘肃	27.2	–33.5	347.6	26.0	—	—	63.0	–0.3	—	—	—	—
青海	—	—	41.2	–14.5	18.7	3.3	—	—	—	—	—	—
宁夏	25.4	–50.5	36.2	–6.6	38.0	8.8	—	—	0.6	—	—	—
新疆	216.6	–7.1	36.2	–6.6	236.9	12.8	128.5	–2.6	—	—	8.7	2.8
西部地区	973.1	–5.7	4196.1	8.4	774.1	17.0	191.5	–2.0	84.8	16.4	41.5	18.3

数据来源：Wind，2015年2月。

二、经营情况

2014 年，西部地区化工产业资产总计 14459.7 亿元，负债总计 9563.47 亿元，资产负债率为 66.14%，较 2013 年上升 2.85 个百分点。西部地区化工产业实现主营业务收入 9318.28 亿元，利润 223.48 亿元，销售利润率 2.40%，较 2013 年下降 1.59 个百分点。

表 10-2　西部地区化工行业资产与负债情况（单位：亿元，%）

省份	2014年			2013年
	资产总计	负债总计	资产负债率	资产负债率
内蒙古	2520.7	1752.4	69.5	65.9
广西	731.0	433.6	59.3	60.8
重庆	1012.0	660.1	65.2	61.2
四川	2374.3	1314.3	55.4	55.1
贵州	1288.9	919.4	71.3	67.5
云南	1146.5	805.8	70.3	68.3
陕西	1658.1	1176.5	71.0	68.2
甘肃	376.4	206.6	54.9	53.3
青海	1249.0	909.2	72.8	67.8
宁夏	444.9	282.9	63.6	65.6
新疆	1652.5	1101.6	66.7	62.9
西藏	5.5	1.2	22.6	32.7
西部地区	14459.7	9563.5	66.1	63.3

数据来源：Wind，2015 年 2 月。

表 10-3　西部地区化工行业主营业务收入及利润情况（单位：亿元，%）

省份	2014年			2013年
	主营业务收入	利润总额	销售利润率	销售利润率
内蒙古	1429.2	19.9	1.4	5.2
广西	951.9	62.8	6.6	6.5
重庆	799.8	12.2	1.5	1.0
四川	2302.4	78.6	3.4	4.9
贵州	819.4	6.0	0.7	2.1

（续表）

省份	2014年		2013年	
	主营业务收入	利润总额	销售利润率	销售利润率
云南	752.0	-9.9	-1.3	1.2
陕西	717.9	19.7	2.7	1.9
甘肃	306.3	-5.4	-1.8	-0.1
青海	277.3	11.9	4.3	10.3
宁夏	302.4	3.0	1.0	0.5
新疆	657.8	24.1	3.7	6.3
西藏	2.0	0.6	30.9	47.7
西部地区	9318.3	223.5	2.4	4.0

数据来源：Wind，2015年2月。

第二节　钢铁行业

一、生产情况

2014年，西部地区生铁、粗钢和钢材产量分别为10591.0万吨、12646.5万吨和16350.0万吨，分别占全国产量的14.88%、15.37%和14.53%。与2013年相比，生铁和粗钢产量分别下降3.6%和1.8%，钢材产量增长4.4%。

表10-4　西部地区钢铁行业生产情况（单位：万吨，%）

省份	生铁		粗钢		钢材	
	产量	同比增长	产量	同比增长	产量	同比增长
甘肃	898.8	-0.5	1074.0	4.7	1108.1	8.5
广西	1231.7	6.6	2084.3	-3.4	3262.6	9.4
贵州	498.6	-5.4	551.6	-2.0	552.4	-1.9
内蒙古	1330.7	-2.1	1661.5	2.2	1763.2	5.7
宁夏	201.7	64.0	161.5	17.2	165.6	10.9
青海	127.0	-6.0	144.3	-2.2	131.4	0.4
陕西	884.0	0.2	1038.3	6.4	1683.9	7.2
四川	1931.4	-4.0	2243.0	-0.5	2935.2	2.9
西藏					1.1	

（续表）

省份	生铁		粗钢		钢材	
	产量	同比增长	产量	同比增长	产量	同比增长
新疆	1337.5	–4.4	1213.4	0.1	1489.5	5.4
云南	1704.9	–12.1	1689.1	–10.4	1935.1	–4.4
重庆	444.6	–20.0	785.6	–11.6	1322.0	3.0
西部地区	10591.0	–3.6	12646.5	–1.8	16350.0	4.4

数据来源：Wind，2015年2月。

二、经营情况

2014年，西部地区钢铁产业资产总计12155.75亿元，负债总计8812.18亿元，资产负债率为72.49%，较2013年上升0.22个百分点。西部地区钢铁产业实现主营业务收入12311.30亿元，利润18.90亿元，销售利润率0.15%，较2013年下降0.21个百分点。

表10–5 西部地区钢铁行业资产与负债情况（单位：亿元，%）

省份	资产总计	负债总计	资产负债率		
			2014年	2013年	较上年下降（个百分点）
内蒙古	2467.6	1771.1	71.8	70.2	–1.6
广西	1124.7	789.9	70.2	70.3	0.1
重庆	720.8	505.9	70.2	74.1	3.9
四川	2511.3	1861.5	74.1	72.0	–2.2
贵州	418.2	295.1	70.6	72.1	1.5
云南	985.8	696.6	70.7	68.8	–1.9
陕西	603.5	453.0	75.1	78.9	3.8
甘肃	1551.0	1068.5	68.9	69.7	0.8
青海	362.2	284.6	78.6	80.0	1.4
宁夏	380.4	279.2	73.4	77.9	4.5
新疆	1030.3	806.8	78.3	78.0	–0.3
西部地区	12155.8	8812.2	72.5	72.3	–0.2

数据来源：Wind，2015年2月。

表 10-6 西部地区钢铁行业主营业务收入及利润情况（单位：亿元，%）

省份	主营业务收入	利润总额	销售利润率		
			2014年	2013年	较上年提高（个百分点）
内蒙古	1515.8	17.9	1.2	1.8	–0.6
广西	2344.4	69.6	3.0	2.5	0.5
重庆	712.6	39.4	5.5	1.4	4.2
四川	2630.7	–15.9	–0.6	–0.6	0.0
贵州	595.9	–6.5	–1.1	–1.4	0.3
云南	1036.7	–24.8	–2.4	–0.3	–2.1
陕西	848.7	5.6	0.7	0.5	0.2
甘肃	1586.0	–9.9	–0.6	–0.7	0.1
青海	197.2	–2.0	–1.0	–0.6	–0.4
宁夏	233.9	–2.8	–1.2	–1.0	–0.2
新疆	609.7	–51.7	–8.5	–1.7	–6.8
西部地区	12311.3	18.9	0.2	0.4	–0.2

数据来源：Wind，2015年2月。

第三节 有色行业

一、生产情况

2014年，西部地区十种有色金属产量共计为2389.33万吨，较2013年增长14.34%。其中，新疆有色金属产量为444.94万吨，同比增长72.03%，涨幅最大。

表 10-7 2014年西部地区十种有色金属生产情况（单位：万吨，%）

省份	十种有色金属产量	
	累计值	累计同比
内蒙	329.9	9.8
广西	140.9	8.6
重庆	62.8	65.5
四川	68.3	–9.1
贵州	71.9	–39.9
云南	320.4	8.7

（续表）

省份	十种有色金属产量	
	累计值	累计同比
西藏	—	—
陕西	204.7	23.7
甘肃	347.7	7.4
青海	246.8	3.9
宁夏	151.0	–7.9
新疆	444.9	72.0
西部地区	2389.3	14.3

数据来源：Wind，2015 年 2 月。

二、经营情况

2014 年，西部地区有色金属产业资产总计 12198.32 亿元，负债总计 8456.4 亿元，资产负债率为 69.32%，较 2013 年上升 2.42 个百分点。西部地区有色金属产业实现主营业务收入 1862.58 亿元，利润 111.44 亿元，销售利润率 0.94%，较 2013 年下降 0.56 个百分点。

表 10–8　西部地区有色行业资产与负债情况（单位：亿元，%）

省份	2014年			2013年
	资产总计	负债总计	资产负债率	资产负债率
内蒙古	1437.0	910.0	63.3	59.4
广西	1159.5	965.2	83.2	81.7
重庆	516.1	385.4	74.7	74.1
四川	598.1	384.2	64.2	71.8
贵州	514.1	367.2	71.4	66.7
云南	1868.3	1283.5	68.7	69.2
陕西	1287.4	694.7	54.0	44.7
甘肃	2137.2	1387.7	64.9	64.7
青海	776.5	594.0	76.5	72.6
宁夏	716.5	579.6	80.9	70.1
新疆	1187.9	905.0	76.2	74.8
西部地区	12198.3	8456.4	69.3	66.9

数据来源：Wind，2015 年 2 月。

表 10-9　西部地区有色行业主营业务收入及利润情况（单位：亿元，%）

省份	2014年			2013年
	主营业务收入	利润总额	销售利润率	销售利润率
内蒙古	1469.5	24.8	1.7	4.3
广西	884.1	–0.6	–0.1	–0.5
重庆	638.4	11.7	1.8	2.7
四川	708.6	13.6	1.9	2.1
贵州	368.3	–3.2	–0.9	–2.6
云南	1751.4	17.0	1.0	–0.2
陕西	1472.4	58.6	4.0	4.4
甘肃	2944.8	–4.6	–0.2	0.4
青海	599.2	–17.0	–2.8	–0.8
宁夏	361.1	–16.2	–4.5	–1.3
新疆	664.8	27.1	4.1	4.2
西部地区	1862.6	111.4	0.9	1.5

数据来源：Wind，2015 年 2 月。

第四节　建材行业

一、生产情况

2014 年，西部地区水泥和平板玻璃产量分别为 79818.49 万吨和 12114.37 万重量箱，分别较 2013 年增长 4.65% 和 6.93%。其中，四川水泥产量和四川平板玻璃产量居西部最多，分别为 14581.0 万吨和 3422.65 万重量箱。

表 10-10　2014 年西部地区建材行业生产情况（单位：万吨，万重量箱，%）

省份	水泥产量		平板玻璃产量	
	累计值	累计同比	累计值	累计同比
内蒙古	6268.3	–2.0	629.3	20.6
广西	10645.8	0.0	623.0	–2.4
重庆	6666.6	9.4	1460.3	–18.0
四川	14581.0	4.9	3422.7	–14.8
贵州	9386.9	15.5	603.9	65.6
云南	9492.6	4.1	1082.4	8.6

（续表）

省份	水泥产量		平板玻璃产量	
	累计值	累计同比	累计值	累计同比
西藏	342.3	15.7	0.0	0.0
陕西	9083.5	5.2	2283.0	24.2
甘肃	4925.5	9.9	538.3	–10.3
青海	1843.7	–1.9	801.5	18.4
宁夏	1777.9	–6.1	0.0	0.0
新疆	4804.4	–8.7	670.1	53.8
西部地区	79818.5	4.7	12114.4	6.9

数据来源：Wind，2015 年 2 月。

二、经营情况

2014 年，西部地区建材产业资产总计 8830.77 亿元，负债总计 5221.75 亿元，资产负债率为 59.13%，较 2013 年上升 0.03 个百分点。西部地区建材产业实现主营业务收入 8576.45 亿元，利润 563.37 亿元，销售利润率 6.57%，较 2013 年下降 0.45 个百分点。

表 10–11 西部地区建材行业资产与负债情况（单位：亿元，%）

省份	2014年			2013年
	资产总计	负债总计	资产负债率	资产负债率
内蒙古	808.4	524.9	64.9	59.7
广西	875.5	427.2	48.8	50.1
重庆	1012.8	645.5	63.7	63.5
四川	1937.7	1048.7	54.1	54.2
贵州	762.9	494.8	64.9	66.1
云南	699.9	492.0	70.3	68.6
陕西	719.7	393.5	54.7	56.9
甘肃	528.0	275.3	52.1	55.9
青海	239.8	170.4	71.1	78.4
宁夏	222.1	123.7	55.7	55.9
新疆	991.1	612.5	61.8	61.6
西藏	33.0	13.3	40.4	24.6
西部地区	8830.8	5221.8	59.1	59.1

数据来源：Wind，2015 年 2 月。

表 10-12　西部地区建材行业主营业务收入及利润情况（单位：亿元，%）

省份	2014年			2013年
	主营业务收入	利润总额	销售利润率	销售利润率
内蒙古	750.3	35.9	4.8	6.5
广西	1318.7	136.7	10.4	9.9
重庆	955.1	69.9	7.3	6.5
四川	2483.3	148.9	6.0	6.4
贵州	752.4	48.4	6.4	8.9
云南	440.1	14.4	3.3	4.9
陕西	961.8	61.2	6.4	6.6
甘肃	312.4	17.2	5.5	9.8
青海	93.4	5.7	6.1	5.4
宁夏	126.8	5.7	4.5	6.2
新疆	360.4	14.7	4.1	2.3
西藏	21.9	4.8	21.8	20.7
西部地区	8576.5	563.4	6.6	7.0

数据来源：Wind，2015年2月。

园 区 篇

第十一章　石化化工行业重点园区

第一节　惠州大亚湾石油化学工业区

一、园区概况

惠州大亚湾石油化学工业区，2001 年开发建设，初步形成了以中海壳牌 95 万吨乙烯项目和中海油 1200 万吨炼油项目为依托、石化上中下游全面发展的产业格局，已成为惠州市经济发展的重要推动力和广东省沿海石化产业带的重要组成部分，是广东省五个重点发展石油化工基地之一。2005 年 4 月，中国石油和化工协会授予园区“中国石油化学工业（大亚湾）园区”牌匾。园区 2011 年 5 月被中国石油和化学工业联合会与中国化工环保协会联合授予“‘十一五’全国石油和化学工业环境保护先进单位”称号，2011 年 6 月被广东省经济和信息化委员会认定为“广东省首批循环经济工业园”，2012 年被列为“国家首个石化区环境应急管理示范区试点单位”，2012 年 3 月启动全国首个安全生产应急管理创新试点，2014 年获“中国化工园区 20 强”称号，综合实力排名位于全国第 2 位。

园区位于大亚湾开发区东部，总体规划面积65平方公里。与深圳、香港相邻，距港陆路 60 公里、海路 47 海里，距广州白云国际机场 150 公里左右，距深圳宝安国际机场近 70 公里，形成了由铁路、高速公路、深水良港、航空港和光纤高速网络组成的立体交通、通讯网络雏形。自园区建立以来，基础设施按总体发展规划高起点、高标准完成建设，初步具备了较为完善的供水、供电、道路、仓储物流、通讯、光缆通讯、管廊蒸汽、环保、应急和消防等公共基础设施网络，以满足园区企业需求。特别是安全应急方面，建成了石化区危化品应急救援基地、石化区消防特勤中队、综合应急救援大队、石化区应急响应指挥中心，加强实施了园区封闭管理，着力确保石化区生产安全。

二、园区产业布局

石化区遵循“油化”结合、上中下游一体化的发展道路，以炼油和乙烯项目为龙头，重点发展高附加值、高技术含量的石化深加工产品、新材料和精细化工产品，着力打造世界级生态型石化产业基地。龙头项目方面，中海壳牌 95 万吨 / 年乙烯项目 2006 年建成投产，中海油惠炼一期 1200 万吨 / 年炼油项目 2009 年建成投产。中海油惠炼二期 2200 万吨 / 年（含一期 1200 万吨）炼油改扩建及 100 万吨 / 年乙烯工程项目于 2013 年 7 月开工建设，目前场平工程、公用工程配套、办公生活设施等各项建设工作正按计划施工。

三、园区项目及发展亮点

石化区规划面积 27.8 平方公里，已开发面积约 20 平方公里。截至 2014 年年底，共计已落户项目 76 宗，总投资额 1604 亿元，其中石化项目 48 宗，投资额近 1316 亿元，公用工程项目 28 宗，投资额近 288 亿元。其中，投产、试运行项目（51 宗），总投资 909.2 亿元，包括中海油惠炼一期 1200 万吨 / 年炼油；中海壳牌 80 万吨 / 年乙烯，中海开氏 100 万吨 / 年芳烃两个石化中游项目，总投资 372.1 亿元；惠菱化成 9 万吨 / 年甲基丙烯酸甲酯，普利司通 5 万吨 / 年合成橡胶 SBR，惠州忠信化工苯酚丙酮，中海油能源发展 36 万吨 / 年裂解汽油综合利用、40 万吨 / 年煅后焦等 29 个石化下游（含精细化工）项目，总投资 153.2 亿元；中国神华能源 2×33 万千瓦燃煤热电联产一期，惠州天然气发电有限公司 210 万千万总容量天然气发电厂，华德一、二期 151 万立方米原油储罐等 19 个公共服务项目，总投资 185.9 亿元。在建项目（12 宗），总投资 610.3 亿元，包括中海油惠炼二期 1000 万吨 / 年炼油和 100 万吨 / 年乙烯，中海油马鞭洲原油罐区扩容 30 万立方米，海能发惠州物流基地二期等。筹建项目（13 宗），总投资 84.5 亿元，包括国华热电联产二期，石化环保第二条污水排海管线，惠州中创化工 20 万吨 / 年异辛烷等项目。

第二节　上海化学工业经济技术开发区

一、园区概况

上海化学工业区始建于 1996 年，经历了“九五”期间的艰苦创业、“十五”

期间的全面建设和“十一五”期间的深化发展阶段。园区规划面积29.4平方公里，管理面积36.1平方公里，以石油和天然气化工为主，发展精细化工、合成新材料等石油深加工产品，构建乙烯、异氰酸酯、聚碳酸酯等产品系列。园区为“十五”期间中国投资规模最大的工业项目之一，第一期总投资达1500亿元，是中国改革开后第一个以石油和精细化工为主的专业开发区，亦是上海六大产业基地的南块中心，享有“上海工业腾飞的新翅膀”之美誉。获得国家首批新型工业化产业示范基地、国家生态工业示范园区、国家循环经济工作先进单位等称号，为国家级经济技术开发区。

园区位于上海市南部，金山、奉贤两区交界处，距市中心约50公里。有由A4高速公路连接市区和沪宁、沪杭的高速公路网，园区内设专用铁路，与浦东铁路（奉贤—浦东机场—张庙）相连。园区通过内河航运系统，可与黄浦江、长江水系连通，另外园区内建有专用海运码头，距洋山深水港（1000万标准集装箱）仅55公里。园区距虹桥国际机场和浦东国际机场均约50公里。园区基础配套设施完善，截至2014年4月，已建成覆盖整个化工区的网格状道路系统和环状排水系统，完成建设公用道路66.3公里、排水河道14.8公里、工业水管70.3公里、生活水管45.8公里、电力排管29.5公里、区内铁路8公里、绿化面积117.4万平方米，园区已达到全面满足主体项目建设和投产的所有条件。

二、园区产业布局

园区以炼化一体化产业为龙头，打造“1+4”模式产业组合，发展以芳烃和烯烃为原料的中下游石油化工装置和精细化工深加工系列，形成乙烯、丙烯、碳四、芳烃为原料的产品链。园区的金山分区重点发展化工检维修、化工物流和化工品交易等产业，奉贤分区以发展化工机械装备、精细化工和高分子材料等产业为重点。截至2014年，园区已吸引英国石油化工、美国亨斯迈、德国拜耳、德国巴斯夫、德国赢创、日本三井化学、日本三菱瓦斯化学等多家跨国公司，法国液化空气集团、法国苏伊士集团、美国普莱克斯、荷兰孚宝等多家国际著名公用工程公司以及上海石化、高桥石化、中石化、华谊集团等国内大型企业。园区借鉴世界级化工基地建设经验，根据循环经济和可持续发展的要求，在国内首创了五个“一体化”开发管理模式。目前，上海化学工业区已经形成较为完整的上、中、下游产品链，产品之间的关联度达到80%以上。

三、园区项目及发展亮点

2014年，园区实现销售收入1005.27亿元，同比下降0.8%；累计完成工业总产值970.80亿元，同比下降2.2%；累计完成固定资产投资120.38亿元，同比增长48.2%；累计批准项目总投资20.03亿美元，同比下降7.3%。历年累计批准项目总投资245.08亿美元，历年累计完成固定资产投资1216.56亿元。

园区目标到2020年，建成杭州湾北岸60平方公里化工产业带，实现年4000万吨炼油、350万吨乙烯生产能力和约6000亿元工业总产值；到2030年，园区及相关产业营业收入达到10000亿元，将园区全面建成"具有国际竞争力的世界级石化基地和循环经济示范基地"。

园区开发引入了世界级大型化工区先进的"一体化"理念，通过对区内产品项目、公用辅助、物流传输、环境保护和管理服务的整合，实现专业集成、投资集中、效益集约。产品项目一体化方面，由乙烯、石脑油等上游产品与聚碳酸酯、异氰酸酯等中游产品以及合成材料、精细化工等下游产品形成一个完整的产品链。园区落户的主体项目就以上、中、下游化工产品为纽带连成一体，做到整体规划、合理布局、有序建设。公用辅助一体化方面，为合理利用能源、减少消耗，根据园区化工主体项目对水、电、热、气等的需求总量，实行统一规划、集中建设，区内能源统一供给，形成供水、供电、供热、供气为一体的公用工程"岛"。物流传输一体化方面，通过区内与各化学反应装置连成一体的专用输送管网以及公路、铁路、仓库和码头等一体化物流运输系统，将区内原料、中间体和能源安全、快捷地送达目的地。环境保护一体化方面，生产过程中运用环境无害化技术和清洁生产工艺，包括使用非光气法和三重物理阻隔等技术工艺，以天然气为清洁能源，通过对废水、废弃物的统一处理，形成一体化的清洁生产环境，使园区达到生产与生态的平衡，发展与环境的和谐。管理服务一体化方面，为入住园区企业提供政府"一门式"办公，将管理寓于服务中，使具有不同文化背景、属性或规模的企业均能得到全面、优质服务，并参照国际惯例，结合市场经济手段，向企业提供"一条龙"后勤保障，使其可以集中全部精力进行核心生产活动，使各化工装置达到高效运作。

第十二章 钢铁行业重点园区

第一节 太原不锈钢产业园区

一、园区概况

太原不锈钢产业园于2002年开始筹建，2003年10月开工建设，2004年8月一期建成并正式开园，是2006年经国家发展和改革委员会（以下简称国家发改委）核准成立的省级开发区，也是国家工信部批准的国家新型工业化产业示范基地和国家发改委、财政部批准的国家级循环经济试点园区。

园区位于太原市北部尖草坪区的108国道两侧、新兰路以东区域，规划控制总面积16.98平方公里。园区处于中国中部地区，具有承东启西，连南接北，承接沿海地区产业梯度转移，辐射全国的区位优势。另外紧邻太钢，距离高速路口4公里，距离市中心10公里，距离太原国际机场25公里，交通非常便利。

2014年园区配套设施进一步完善，投入力度加大，统筹布局，整体推进，园区承载能力得到提升。一是自来水实现了主网贯通，完成供水主干线建设2.7公里。二是天然气实现了全网覆盖，全年完成燃气管网建设6.6公里，实现“双气源”燃气供应。三是区域集中供热改建一次到位，建成覆盖全区的区域集中供热体系，供热面积39万平方米。同时，全面取缔区内燃煤锅炉，拆除燃煤锅炉14台，成为太原市“煤改气”示范区。四是道路建设全面提速，完成阳兴南街等3路1桥建设，新增通车里程2.1公里，雨污水管网3.9公里。五是电力管沟建设与改迁同步推进，完成4.8公里5条线路迁改工程，新建电力管沟5.7公里，改造旧线入地6.9公里。六是园林绿化水平大幅提升，完成绿化工程6.3万平方米，创建3个省级园林绿化企业和5个市级绿化企业。七是城乡清洁工程稳居太原市前列。

二、园区产业布局

2014 年园区产业集群成果明显，形成了三大支柱产业集群：一是以太钢不锈钢无缝钢管、大明不锈钢深加工中心为龙头的不锈钢加工产业集群，企业数量达到 42 家，总投资 40 亿元，已完成 35 亿元，完成产值 29.1 亿元；二是以太原锅炉循环硫化床、东杰智能物流装备、威迩思等为示范的现代制造产业集群，企业数量达到 38 家，总投资 73 亿元，已完成 38 亿元，完成产值 30.4 亿元；三是以太钢工业园、鼎泰交易中心为代表的现代商贸物流产业集群，有 10 个项目，总投资 93 亿元，已完成 26 亿元，已建成的 4 个项目全年完成营业收入 4.9 亿元，其余正在加紧建设，建成后可实现交易额近千亿元。现代商贸物流集群，初步形成四大板块：润恒农产品物流，鼎泰、太钢工业园钢铁物流，华润、国药医药物流和海尔 3C 电子物流。随着四大板块项目逐步建成投产，现代商贸物流集群将会成为园区转型发展新的动力引擎。

三、园区项目及发展亮点

园区 2014 年规模以上企业完成工业增加值 4.74 亿元，同比增长 19.58%，完成年计划的 105%。完成固定资产投资 36.77 亿元，同比增长 39.81%，完成年计划的 104%。完成公共财政预算收入 1.5 亿元，同比增长 24%。全年引进项目 31 个，协议引资 158 亿元。全年新、续建项目 26 个，总投资 143 亿元，累计完成投资 71 亿元，当年完成投资 36.77 亿元（其中：省市重点项目 9 个，目标任务 17.27 亿元，实际完成投资 26.63 亿元）。其中：投产项目 3 个：太钢大明 7 条生产线正式运营，实现产值 12 亿元；太锅集团全年生产循环流化床锅炉 1.2 万蒸吨，实现产值 12 亿元；海源泵业（市重点）开始投入试生产。新建项目 8 个：其中，润恒（省重点）完成基础工程 13 万平方米。国药、华润（市重点）正在进行土方工程建设。在建项目 10 个：其中，鼎泰（省重点）2.4 万平方米的仓储办公区主体建设已完成。威迩思（省重点）生产装备车间钢结构主体已完成 50%。华尊（省重点）场地平整已完成。华鑫正在进行钢结构主体工程。

园区循环化改造稳步推进。坚持绿色循环低碳发展，园区三大产业之间、上下游企业之间、产业（企业）与公共平台之间的关联度、耦合度进一步增强。以太钢为依托，不锈钢初加工—深加工—装备制造—回收利用的产业链条初步形成闭环。积极推进生产制造过程生态化、无害化进程，污水处理厂、区域集中供热站等8个获得中央财政补助资金的关键补链项目正在稳步推进。招商引资方面，除要求项目创新研发能力外，特别实行了“环保一票否决制”，坚决不允许环保指标不达标的项目入园。

园区创新驱动取得新成效。作为太原市唯一的国家级创新型产业试点园区，坚持以科技创新和成果应用转化为抓手，构建以市场为导向、企业为主体、产学研相结合的技术创新体系。至2014年年底，建成院士、博士后工作站2个，国家级企业技术中心4个，获得国家级专利159项，打造骨干企业15家，培育重点高新技术企业3家。

园区服务水平明显提升。按照“两集中、两到位”原则，组建综合服务大厅，总面积1500平方米，12个部门已全部入驻并开展工作，另有服务、中介机构3个，为企业提供全方位、一站式服务。与驻地街办、乡镇通力合作，完成土地征收1950亩，支付征地补偿款5.76亿元。数字化信息平台2014年共受理案卷2300余起，均全部办结。全年组织开展各类安全生产检查300余次，累计排查各类安全隐患730余条，并已全部整改完毕。全年各类安全事故发生起数、死亡人数均为零。在各类媒体累计发表报道60余篇（次），及时宣传园区建设成果，提高知名度和影响力。全面实施“天网工程”，在重点部位安装视频监控探头50余个，基本做到全覆盖。荣获市级“双拥先进单位”、“精神文明先进单位”和“扶贫先进单位”荣誉称号。

第二节　曹妃甸钢铁电力园区

一、园区概况

钢铁电力产业园区总面积48.8平方公里，其中南区39.2平方公里、北区9.6平方公里，呈南北分区格局，均实现水、电、路、讯、污水、雨水设施的全面配套，全面具备项目建设基础条件。园区内外交通配套基础设施完善，周边已建成铁矿石码头、原油码头、煤码头、LNG码头和杂货码头等海运平台，及完备的铁路、公路等陆路运输系统，形成了海路、陆路多式联运的交通运输体系。园区内首钢协力区及11家市场建设的住房、餐饮、商业等生活服务设施，为入区企业和人员的生产、生活需求提供了全面保障。

二、园区产业布局

园区是曹妃甸实施循环经济的先行区，区内国有企业、外资企业及民营企业等多种所有制经济协调发展。重点构筑以龙头企业首钢京唐钢铁联合有限责任公司精品钢铁项目为主导的钢铁循环经济产业链和以龙头企业华润电力(唐山曹妃甸)有限公司海水冷却火电项目为主导的电力循环经济产业链条，主要发展钢铁、电力、海水淡化、钢铁加工配套、废弃物综合利用、新型建材等产业，打造高效综合利用资源、能源的循环经济新型工业化园区，逐步形成环渤海地区重要的精品钢铁及深加工基地、电力能源基地、海水淡化水源地及海水淡化产业基地。同时，依托园区精品钢材、建材等原材料，电力、煤气、热力等能源，以及海水淡化水、浓盐水等资源，大力发展海洋工程、新型环保设备、物流、生产服务配套等辅助产业，延伸和扩展循环经济产业链条。

三、园区项目及发展亮点

园区产业集聚初具规模。钢铁产业以首钢京唐钢铁联合有限责任公司投资建设的970万吨/年精品钢生产基地为龙头，重点发展钢铁深加工及钢铁厂配套服务业产业，钢铁工业废弃物综合再利用工程、高炉释放低热值废气压差发电工程等资源循环利用项目亦与主导产业同步发展。首钢京唐公司钢铁厂一期、兴瀚板材深加工及包装材料生产、二十二冶装备制造、冀东水泥盾石矿渣微粉粉磨生产线、开诚航征自动化设备等项目已于2014年建成投产。电力产业以华润集团投资建设的规划装机容量4600MW的曹妃甸电厂为龙头，构建起了海水冷却发电、海水淡化、浓海水制盐、盐化工一体化发展和固体废弃物综合资源化利用的循环经济发展模式。华润电力一期2×30万千瓦供热发电机组、林昊华润电厂固体排放物综合利用、阿科凌5万吨/日海水淡化、三友浓盐水综合利用等项目已于2014年建成投产。

2014年，中海实业利用固体废弃物生产建材、唐山钢铁集团管业有限公司精品焊管、煤高效清洁利用(一期)、唐山佳旺实业有限公司高炉除尘灰、烧结机头灰提钾、唐山瑞鑫液化气体有限公司LNG冷能利用等28个项目正在加紧建设。同时，首钢京唐钢铁厂二期、华润曹妃甸电厂二期2×1000MW超超临界发电机组、北控水务集团100万吨/日海水淡化进京项目前期工作也在加紧推进中，将于近期落地建设。截至2014年7月，钢铁电力园区共推进产业项目 50 项，总投资 1636.6 亿元，累计完成投资 733 亿元。2013 年，钢铁电力产业园区计划完成固定资产投资 54 亿元，实现工业总产值 395 亿元，实现利税 4.2 亿元。是曹妃甸工业区范围内循环经济最完善、产业项目最大、实现产值最高、工业税收最多的园区。

钢铁电力园区拥有得天独厚的港口物流支撑体系。园区周边的曹妃甸港区拥有深水岸线 69.5 公里，岸前 500 米水深即达 25 米，深槽水深近 36 米，为渤海最低点，且不冻不淤，是渤海沿岸唯一无须开挖航道和港池，即可建设 30 万吨级大型泊位的天然港址，10 万吨级船舶可自由进出，15 万吨级船舶可乘潮进港，30 万吨级巨轮可在港停泊。截至 2014 年 7 月，曹妃甸港区已建成矿石码头、煤码头、原油码头、散杂货泊位、联想通用件杂货泊位、多用途（集装箱）、通用码头等 14 座码头（泊位数 38 个），港区吞吐能力达到 3 亿吨，逐渐朝国际化、大型化、现代化功能完善的综合性贸易大港发展。曹妃甸工业区强大的港口物流体系为企业提供了成本低廉的物流服务，降低了企业整体成本。

园区位于曹妃甸综合保税区内，保税区于 2012 年 7 月经国务院批准设立，为河北省首个综合保税区，具备“保税仓储、国际中转、国际配送、国际采购、转口贸易、研发设计、出口加工、商品展示、检测维修、港航服务”十大功能，入区企业可享受五类优惠政策：一、国外货物入区保税；二、区内自用基建物资及进口设备免征进口关税和进口环节增值税；三、货物出区进入国内销售按货物进口的有关规定办理报关，并按货物实际状态征税；四、国内货物入区视同出行退税；五、区内企业之间的货物交易不征增值税和消费税。

园区循环经济特色鲜明。企业内循环：1. 铁金属资源循环利用，为实现企业循环经济的目标，对烧结、球团、炼铁、炼钢、轧钢等各主要生产工序含铁尘充分回收，并在厂内循环利用，回收炼钢钢渣中的渣铁，炼钢、轧钢产生的废钢全部回收作为炼钢原料。通过充分回收及利用钢铁厂生产过程中的铁金属资源，使铁金属元素资源得到充分利用。2. 能源梯次利用，利用干熄焦显热、高炉炉顶余压和高炉富裕煤气进行发电，每年自发电 47.5 亿 kWh，利用钢铁厂主工艺流程中的余热蒸汽及汽轮机发电机组做完功后的乏汽为低温多效海水淡化装置提供动力，利用自发电机组为膜法海水淡化装置提供动力，通过热、膜法工艺相互结合，建设 5 万吨 / 日低温多效海水淡化工程，实现能源的高效利用和海水淡化成本的降低。

企业间循环：1. 高炉水渣综合利用工程，以高炉水渣为原料，建设了冀东水泥矿渣微粉粉磨生产线项目，实现钢铁厂高炉水渣的充分处理；2. 除尘灰提钾项目，充分利用高炉炼铁过程中产生的除尘灰，建设了嘉旺实业除尘灰提钾项目；3. 自备电厂粉煤灰综合利用工程，综合处理自备电厂粉煤灰 26 万吨 / 年，建设了中海实业利用固体废弃物生产建材产品项目，实现自备电厂粉煤灰的 100% 处理；4. 以首钢精品板材为上游，发展钢铁深加工产业，建设了兴翰板材深加工及包装材料生产项目。

产业间循环：充分利用首钢精品板材资源，经过钢铁深加工产业的加工配套，最后作为工业区装备制造产业的原材料，实现工业区主导产业之间的大循环，建设了大型海上平台、大型焊管等产业项目。

第十三章　有色行业重点园区

第一节　陕西宝鸡钛材及深加工产业园区

一、园区概况

宝鸡钛材及深加工产业园区是陕西宝鸡国家高新技术产业开发区的主要构成园区之一，是陕西省也是中国唯一的钛谷，现已形成以钛为主，钽、铌、钨、钼、锆、铪等稀有金属加工材并存，集金属材料加工、销售、研发为一体的综合产业基地。被授予“国家火炬计划钛材料特色产业基地”、“国家钛材料高新技术产业化基地”等多项殊荣，为宝鸡国家新材料高技术产业基地建设做出重要贡献。

宝鸡钛材及深加工产业园占地45平方公里，为把园区打造成具有国际竞争力的“中国钛谷”，在宝鸡建成中国最大的钛材生产研发和集散地，宝鸡市投入6亿元来完善基础设施，建成10公里长钛城路，渭滨大道及高新六、九、十、十一、十二、十三路等，相应的电力、排水、电信、绿化工程也已建好。

二、园区产业布局

园区高度重视加速推进工业产业向集群化、高端化发展，力争将以“宝鸡·中国钛谷”为中心的新材料产业做大做强，完善了钛谷有色金属交易中心和国家钛材产品质量监督检验中心建设，促进同行业企业之间深度合作，进一步拓展钛材加工应用范围，全方位提升产业整体水平。重点发展钛、锆等有色金属及其合金材料产业，鼓励科研院所、高校与企业的产学研合作，重点推进钛材料应用技术创新孵化中心、宝钛集团国家级研发中心、博士后流动站等建设，已经建成技术转移中心、联合实验室等研发机构，积极推动中国钛材交易中心，发展完善物流交易、网上交易、期货交易等方式，加速资源整合，加强配套建设，完善纵向和横向产业链条，全力打造“海绵钛——钛铸锭——钛加工材——钛合金材——钛复合材——钛材深加工产品”的纵向产业链，和“技术研发与转移、专业孵化、钛材交易、钛产业服务”等横向产业链，建成“一个产业园区、多个园中园，一个大产业、多条产业链，一个大集群、多个小集群”的园区布局。逐步形成了汽车及零部件、石油装备、轨道交通、机床工具等产业集群，储备了一批符合国家相关产业政策和行业发展方向的战略性新兴产业项目。

三、园区项目及发展亮点

截至2014年年底，钛谷聚集了从事钛及钛合金生产、加工和研发的企业443家，钛材产量占到全国的85%，占全球钛材总产量近22%，钛材出口量占全球出口量的15%，“中国钛谷”世界知名度得到进一步提升。2014年12月，钛谷有色金属交易中心开市运行，推出纯钛锭、钛合金锭和海绵钛三个交易新品种。钛谷钛产业联盟成员单位数量达到68家，在此基础上成立了陕西省钛及稀有金属材料产业专利联盟和陕西省钛及稀有金属材料产业技术创新战略联盟，在企业间共享创新成果，保护知识产权方面将发挥更大作用。钛产业集群成为宝鸡高新区经济转型、产业结构调整的抓手，2014年，总产值达到240亿元，新申报专利100余件，技术合同交易、高层次人才引进、产学研合作创新、科技成果转化等工作在园区位居前列。

2014年12月，宝鸡国家钛产业专利导航实验区作为全国8家专利导航实验区之一，其专利导航规划顺利通过国家知识产权局评审组评审，目前拥有专利237件。到此，专利导航试验区第一阶段基础专利态势分析中间流程环节和第二阶段钛产业专利布局规划、出台适宜的鼓励引导政策及制定企业专利发展战略的工作已全部完成，下一步将进入规划的实施阶段，力争在5年内把“宝鸡·中国钛谷”建成具有宝鸡特色、优势明显、专利密集、布局合理的国家级钛领域专利导航产业发展实验区。

第二节　长沙望城国家有色金属新材料精深加工高新技术产业化基地

一、园区概况

湖南望城有色金属新材料精深加工高新技术产业化基地创建于2000年，2010年由省科技厅授牌。2013年6月，“长沙望城国家有色金属新材料精深加工高新技术产业化基地”挂牌，升级为全国唯一一个国家级有色产业基地。

基地所在的望城区，地处长株潭“两型”社会试验区长沙大河西先导区核心区域，南与岳麓区和麓谷高新区接壤，是长株潭城市群及大河西先导区重要的产业聚集区，市场辐射湖南全省，已成为承接沿海产业梯次转移、推动中部强势崛起的重要高地。

园区交通物流便捷。湘江、京珠西线分别从园区东西两侧掠过，园区内六纵六横融城主干道纵横交错，与岳麓区、高新区实现了无缝对接，从而在园区形成大交通、大物流的格局，使园区成为立足长株潭、辐射湘西北、联通中西部的重要交通枢纽。公路方面，普瑞大道直达京珠高速（西线）8公里，从东到西有潇湘大道、金星大道、雷锋大道、望城大道、雷高公路、黄桥大道等6条纵向主干道与市区相连，距长沙市政府15公里。轨道交通方面，规划有长(沙)益（阳）常（德）岳（阳）城际轻轨金桥枢纽站坐落园区南部；规划中的长沙地铁4号线、2号延长线、10号线通达园区，经京广高铁、沪昆高铁可轻松实现“1个小时到武汉、2个小时到广州、3个小时到上海、4个小时到昆明、5个小时到北京”。铁路运输方面，长（沙）石（门）铁路（北接京广铁路，南接焦柳铁路）经过园区，2009年动工新建的电气化铁路复线，在园区设计有一个年吞吐量500万吨的一级货站。航空方面，园区至长沙黄花国际机场40分钟车程，全程高速直达。港口运输方面，湘江流经望城40多公里，园区距霞凝千吨级集装箱码头约4.8公里。随着湘江航电枢纽工程的建成，2000吨级货船可四季通航到望城湘江西岸新康、深水码头，货物可在长沙直接通关，由上海港直驳海轮通往世界各地。

二、园区产业布局

长沙望城国家有色金属新材料精深加工高新技术产业化基地是望城经济开发区的核心产业基地。截至2014年，开发区拥有规模以上工业企业108家，已形成有色金属新材料精深加工、食品医药、航空航天、现代工业物流四大主导产业，拥有国家有色金属新材料精深加工高新技术产业化基地、国家知识产权工作试点园区等国字号发展平台。2013年，望城经开区实现规模工业总产值513亿元，其中有色金属新材料精深加工产业实现产值368亿元，占园区规模工业总产值的71.7%，并成为园区发展支柱产业。

长沙望城国家有色金属新材料精深加工高新技术产业化基地已聚集晟通科技、金龙铜业、五矿湖南有色、泰嘉新材等规模以上有色金属企业47家，有色金属产业高新技术产值占整个有色金属新材料精深加工行业产值的80%以上。已与湖南大学科技成果及知识产权管理办公室、中南大学技术转移中心等5家省级以上科技中介结构达成合作协议，拥有中南大学—晟通科技研究院等13家省级以上研发检测机构。其中，晟通集团2013年产值达200.7亿元，跻身中国企业500强。该集团铸轧双零铝箔年产20万吨，产品销量占全国市场的70%，并成为全球最大的铝箔生产基地。同时，晟通依托国家级企业技术中心研制出全铝客车、半挂车等轻量化汽车、建筑用铝模板等，有效解决了铝产能过剩问题。

三、园区项目及发展亮点

园区集聚效应“迸发”，拥有业内科技含量最高的专业生产高档磁性材料的航天磁电，高压隔离开关生产企业长高集团，生产路面机械、消防车为主的中联望城工业园，晟通、金龙、泰嘉等12个中国驰名商标和湘仪、泰模王、邦德利等56个湖南省著名商标。

2014年，以晟通、金龙、泰嘉新材等企业为龙头，带动起整个望城经开区有色产业的发展。晟通集团朝世界500强企业进军，重点发展“201”工程(20万吨铝箔，世界第一)、铝型材、建筑模板、轻量化汽车、铝工艺品等，在向高附加值产业转型升级的同时大力推进品牌建设，前三季度实现产值217.4亿元，同比增长53.8%，品牌价值94.2亿元，跻身“2014年中国500最具价值品牌”排行榜第214位，以营业收入总额289亿元的业绩排在“2014年中国民营企业

500强”榜单第119位；金龙集团围绕进入1000亿的巨型企业行列的目标，瞄准市场打造再生资源循环经济，组织建设覆盖湖南全省及周边省市的再生有色金属回收网络体系，再生铜年生产能力达到10万吨，相比原生铜、铝等生产企业，年均节约标煤约20万吨，相当于企业年均造林22万亩，成为实现经济效益及社会效益“双赢”的企业典范，前三季度实现产值71亿元，同比增长15%；泰嘉新材启动年产20万米分齿型高低齿硬质合金带锯条高技术产业化项目，开发出的泰钜、嘉钜等高端产品剑指国外品牌；长高集团凭借特高压输电产品，先后成为我国第一条1100kV特高压交流输电工程、世界首条±800kV特高压直流输电工程等多个国内外重点输电工程项目供货商；中航飞机起落架是国内专业的飞机起落架唯一制造商，是国产大飞机CS19起落架制定生产基地。

2014年9月，望城经开区举行重大产业项目招商签约仪式，中德有色工业园、网讯通光通信设备、开利星空进口汽车等3个优质项目集中签约落户望城经开区，总投资达162亿元。拟投资52亿元的网讯通科技股份有限公司，在望城经开区建设光器件、光通信芯片和通信设备等覆盖电子通信行业全产业链的通信设备产业园。项目计划建设周期为三年，达产后每年可实现产值100亿元以上。

欧智通无线网络设备、西湖特种电线电缆、合生元望城生产基地、铍铜材精深加工研发基地、天映航空技术装备生产基地、安佑生物科技等项目相继落户，其中年产值过100亿元的项目1个，年产值过50亿元的项目2个，年产值过30亿元的项目1个，年产值过10亿元的项目6个。截至2014年年底，高星物流加工仓储区、旺旺乳饮、有色钼靶材、金荣科技、天卓管业、统实包装、湘江涂料、绿地房产等21个项目正如火如荼建设；长缆电工、万家乐、毛巾厂、高星物流加工仓储区、有色钼靶材、金荣科技产业园一期等7个项目建成（投运）或一期建成（投运）。

园区搭建电子商务服务平台，开展“电子商务进企业”活动，指导企业在电子商务平台“e企来”、“湘赢”等平台开展B2B、C2C业务，帮助金龙铜业、航天磁电、高新物流园等13家企业争取信息化项目和电子商务平台资金，鼓励企业拓展网络销售平台。为破解融资难题，邀请银行、证券机构、担保公司等金融机构深入企业开展银企对接活动，有效缓解了企业持续发展中的融资难题，提振了园区企业信心，确保园区企业健康、稳定、持续发展。

园区搭建产学研平台，开创“园校合作、园企合作、校企合作”模式，加大与中南大学、中国科协、中国有色金属学会的对接力度。2014 年 10 月，“2014 院士专家长沙望城行”活动在望城经开区落幕，中国工程院院士余永富、中国有色金属学会理事长康义等中国有色科技领域领军人物出席会议，并促成望城经开区管委会、金龙集团、晟通科技、长高集团、泰嘉新材、美特新材等与清华大学、湖南大学、湖南有色研究院、中南大学、上海铝业协会等科研院所成功签署 8 项产学研合作协议，形成了一个产学研优势互补、人才资源集约利用、科研协同效应强的有色金属科研创新链，实现了对有色金属基础研究、应用研究、中试孵化、成果转化等创新应用环节的无缝对接。

园区主动对接引进世界 500 强、全国 100 强企业，充分调动发挥高校、科研院所、有色金属技术创新产业联盟和在湖南的国家级、省级工程 (技术) 中心、重点实验室的科研优势，增强企业的核心竞争力，引进一批具有影响力的企业集团和一大批具有竞争优势的“专、精、特、新”专业化生产企业，建成创新能力强、特色鲜明的高端制造业集聚区，带动区域制造业发展，形成真正意义上的产业集群。实施“人才生根”战略，打造中高级人才创新创业首选基地和国际化人才高地，切实解决企业高端人才引进难问题，为企业自主创新提供智力支持。依托有色金属新材料精深加工这一优势，发展轻量化汽车尤其是电动汽车产业，在汽车高强度铝合金零件、新能源应用等方面拓展产业发展空间，提升行业整体发展水平，有望打造千亿级有色金属产业园。

第十四章　建材行业重点园区

第一节　潮州国家日用陶瓷高新技术产业化基地

一、园区概况

陶瓷产业是潮州市重点发展产业，经过多年快速发展，潮州陶瓷基地从传统产业中提升转型，基地产业集聚效应不断显现、产业链条配套日趋完善、生产出口规模日益壮大、龙头企业带动能力不断增强，外贸公共服务平台建设成效突出，有效地推动了潮州陶瓷产业加快外贸转型升级，已成为全国陶瓷门类最齐全、产业链配套最完善和最大的生产出口产区。2014 年潮州陶瓷基地拥有陶瓷生产企业 2500 多家，其日用陶瓷、卫浴陶瓷年产销量分别占全国的 25%、40%，居全国第一，陶瓷工业总产值超过 500 亿元。

潮州陶瓷产品已获国家级奖励的有近 200 种，居各大瓷区前列。基地先后荣获“中国瓷都”、“国家日用陶瓷高新技术产业化基地”、“国家外贸转型升级专业型示范基地”、“省市共建先进陶瓷制造业基地”、“广东省产业集群升级示范区”、“国家新型工业化产业示范基地”等荣誉称号。拥有工艺瓷、日用瓷、卫生陶瓷、特种陶瓷四大门类，创新了骨质瓷、炻瓷、强化瓷、镁质瓷、玻璃陶瓷等多个系列产品，形成庞大的产品门类和独特的艺术风格，也是全球著名的瓷基体供应基地。

二、园区产业布局

潮州陶瓷从传统产业提升转型，全市陶瓷产业布局形成了以枫溪为轴心，并逐步向周边辐射的发展格局。潮州发展陶瓷产业果断放弃了工艺瓷和日用瓷泾渭分明的界限，大胆摸索，步入一条“工艺陶瓷日用化、日用陶瓷工艺化”的独特发展道路，并快速切入卫浴陶瓷领域，实现了日用瓷、工艺瓷和卫浴陶瓷的“三轮驱动”，推动了产业规模的超常规扩大。

基地拥有陶瓷研究院、陶瓷学院、陶瓷检测中心等一大批科研基地，产供销学研完整的产业链条日趋完善，基地外贸转型升级的成效不断显现。拥有工艺瓷、卫生洁具、日用瓷、仿古瓷、环保瓷、骨质瓷、电子陶瓷等多个门类的系列产品。目前潮州陶瓷正积极调整优化陶瓷产品结构，致力于提高建筑陶瓷的生产比重，不断扩大各种瓷砖、园林陶瓷、卫生洁具瓷等的生产规模；力促日用陶瓷、工艺美术陶瓷的生产，开发高起点、高技术含量、高品位、高附加值、深加工的产品；扩大高低压电瓷、电子瓷基体及家电陶瓷等的生产规模；选准瓷土矿的开采及瓷泥的标准化加工，陶瓷机械的推广应用等项目的全方位拓展；开发名优特高档新产品，形成拳头，挤占国际市场。

三、园区项目及发展亮点

相比佛山、淄博等内销为主的陶瓷生产地区，潮州作为我国最大的陶瓷出口基地，陶瓷出口一度占生产总量的80%以上，目前已形成一大批龙头企业和众多集群企业，以及各种陶瓷产业配套生产厂家，形成了一条完整的产业链，是我国最大的卫生洁具生产基地。这里的古巷卫生洁具年产量便占全国总量一半，梦佳卫浴、尚磁卫浴、智能之星卫浴、卡尼斯卫浴、东姿卫浴和泰旗卫浴全国知名；全国电子陶瓷基板最大的生产基地，以三环集团为代表生产的电子陶瓷基板，年产量占全球总产量的近一半；是全国陶瓷行业获奖最多的产区。

创新已是潮州陶瓷抢占国际市场的“杀手锏”，每年创新品种超过2万种。新材料、新技术、新设备在产业中的广泛应用，使潮州陶瓷有了质的飞跃，“日用陶瓷工艺化、工艺陶瓷日用化”的发展之路让潮州陶瓷成为引领陶瓷市场潮流的急先锋之一。广东松发陶瓷半年研发一批新产品，产品品种达200余个。

潮州陶瓷出口量近年来一直保持在10亿美元左右，是全国主要陶瓷出口基地之一，荣获“国家日用陶瓷特色产业基地”、“中国陶瓷出口基地”、“中国建筑卫生陶瓷出口基地”等国家级荣誉称号。截至2013年，全市较具规模的建筑卫生陶瓷企业接近600家，年产量达4000多万件，占全国同类产品的近50%，产品以外销为主，外销量占比接近70%。枫溪区广东四通集团的陶瓷销售中海外销售占到销售总额的90%。2014年，虽受国内外经济低迷影响，但陶瓷出口依然保持良好增长态势。2014年1—10月，潮州陶瓷出口额达到8.83亿美元，同比增长7.2%，出口额前五位的国家分别是美国、土耳其、阿联酋、沙特、德国，占全市陶瓷出口额的34.3%。

第二节　河北沙河玻璃制造及深加工基地

一、园区概况

沙河玻璃产量占全国平板玻璃总量近五分之一，已经成为全国最大的平板玻璃生产、销售、加工基地，被中国建筑装饰协会授予“中国玻璃产业基地”、“中国玻璃城”、“中国装饰玻璃基地”等荣誉称号。2012年沙河玻璃制造及深加工基地，被批准为第三批国家新型工业化产业示范基地。2014年，沙河市玻璃出口被认定为第二批河北省外贸转型升级示范基地，对推动基地外向型经济结构转型升级将产生积极作用。

园区以集聚化推进产业发展，通过扶持龙头企业带动主导产业规模化发展，坚持差异化发展，以自主创新提高核心竞争力，明确了“五新一深”（新技术、新装备、新产品、新工艺、新能源、深加工）的发展方向，并坚持“高起点、高技术、高水平”以及循环经济“3R”发展原则。由单纯的建筑玻璃向节能玻璃、光伏玻璃、电子光学玻璃、特种玻璃等领域拓展，努力向玻璃产业结构优化升级、玻璃产业公共技术服务平台建设、玻璃产业节能减排、生产装备智能化自动化等方面突破，着重发展非晶硅薄膜光伏玻璃、高硼硅防火玻璃、超白浮法、超白压延、在线low-e玻璃，中空节能玻璃、艺术深加工玻璃等多种玻璃产品，力争打造销售收入超千亿玻璃产业园。

园区以集聚化推进产业发展，规划建设了48.47平方公里的玻璃工业聚集区，园区规模已达17.2平方公里。位于沙河市区北部，坐落于沙河经济技术开发区内，京珠高速、京广高铁、107国道、329省道从园区内通过。

二、园区产业布局

建设一个示范园区、打造两个中心、实现三个升级，即建设玻璃行业循环经济与资源综合利用示范园区，打造有特色的玻璃技术创新中心、玻璃产品集散交易中心，实现从普通浮法玻璃向优质高档浮法玻璃升级、从玻璃原片生产基地向玻璃深加工基地升级、从玻璃应用的传统产业向战略性新兴产业升级。主要包括深加工玻璃、艺术玻璃，同时包括文化创意、产品设计、新技术新产品推广、加工耗材、玻璃深加工机械磨料磨具及生产线等；玻璃产业上下游产品：如原材料、耐火砖及各种主辅材料，玻璃生产设备及技术等。

三、园区项目及发展亮点

2014 年玻璃企业经历了环保装置升级、淘汰落后生产线、转型优化等一系列产业改革。至 2014 年年底有在产平板玻璃企业 31 家，共 70 条生产线，其中浮法玻璃生产线 43 条。全年总产能 1.6 亿重量箱，其中浮法玻璃 1.4 亿重量箱，占全国产能比重的 19%—20%。环保设备投入资金 1.1 亿元，产品成本增加 60—70 元 / 吨。拥有玻璃深加工企业 626 家，物流销售企业 213 家。全年实现出口 2 亿美元，占总产值的 2%。

园区为推动沙河玻璃传统产业升级，培育新型产业发展，提升产业竞争力，强化行业间的信息交流与贸易合作，从 2014 年起，在沙河定期举办中国（沙河）玻璃工业博览会，但面临企业不敢展出最新产品，研发设计易被抄袭模仿等问题，玻璃行业亟须重视加强知识产权保护体系建设。另外园区积极开展网络营销，发展电商，拓宽市场渠道，以减少中间商环节的市场差价，但在对外部市场的调研和联系上，还需进一步加强，尤其是南方市场和国外市场。

第十五章　稀土行业重点园区

第一节　福建（龙岩）稀土工业园区

一、园区概况

福建（龙岩）稀土工业园区，规划面积12.82平方公里，建设用地面积7.98平方公里，投资额超过60亿元，被列为福建省20个重点产业基地（集群）之一，是福建省省级新型工业化产业示范基地，工信部重点新材料产业基地。园区将稀土永磁电机、稀土发光材料、稀土催化剂作为发展重点，与中石油合作共同开发稀土石油裂化催化剂项目，与清华大学合作共同开发烧结钕铁硼和稀土永磁电机项目，与厦门钨业合作共同开发三基色荧光粉和钕铁硼项目，这些项目预计将可实现90亿元以上的产值。未来稀土工业园将成为集生产、应用、科研和培训为一体产业发展载体，实现建成“全国稀土产业基地”和国家稀土产业高新园区的目标。

园区地处福建省龙岩市长汀城郊策武镇境内，新规划的长汀快速铁路客运站和长途汽车客运站就坐落在园区内。龙长高速、赣龙铁路、赣龙快速铁路复线、319国道、205省道环抱园区四周，经龙长高速公路至厦门港283公里，距龙岩冠豸山机场81公里。2012年7月，龙岩快速铁路建成并开通动车，进入了动车时代，长汀也将在2015年前开通。长汀已成为东南沿海与内陆省份商品流通和经济走向的“黄金通道”。长汀县稀土矿化岩体面积570平方公里，蕴藏量15万吨，占全省稀土储量65%以上，是福建省重要的稀土产业发展基地。长汀稀土矿属离子型中钇富铕稀土矿床，是我国独特的优势矿种，具有中重稀土含量高、配分好、易采冶等特点。园区的闽欣稀土有限公司拥有福建省唯一

1张稀土采矿权证，位于杨梅坑稀土矿，有效期1989年至2017年2月28日。截至2014年，园区完成征地7071.86亩，实现1万伏专线电力架设通电和日供1万吨自来水管网铺设供水，长3.925公里的园区一期大道建成通车，建成6幢2.7万平方米标准厂房、9栋职工公寓和日处理能力2万吨的污水处理厂主体工程，11万伏电力设备正加快安装调试，园区服务中心大楼完成六层主体框架并封顶。西气东输三线天然气管道东段干线（简称“西三线”）工程，在长汀境内铺设天然气管道全长约75.4公里，途经稀土工业园区，进一步加强能源保障。

二、园区产业布局

园区以稀土高科技企业厦门钨业全资子公司——金龙稀土公司为龙头，其主要从事稀土分离、精深加工以及功能材料的研发与应用，建成5000吨稀土分离、2000吨稀土金属、2000吨高纯稀土氧化物、1600吨三基色荧光粉、6000吨钕铁硼磁性材料（首期3000吨）生产线。园区稀土产业形成了“三轴一环、两心三区”的布局结构。“三轴”是指稀土一期大道发展轴、中心大道发展轴和黄馆路发展轴；“一环”是指双边服务的外环路；“三区”是指东部“稀土分离片区”，北部、南部“工业片区”（包括永磁材料、贮氢材料、合金材料、发光材料、新材料五个分区），西部公建配套区和“红江综合社区”。以打造国家级稀土产业园区的总体目标为出发点，重点发展稀土永磁材料、贮氢材料、合金材料、发光材料、新材料等5条精深加工产业链，着力将园区打造成稀土原材料的制造基地、稀土新材料的生产基地、稀土应用产品生产基地、稀土科技研发基地以及稀土人才培养基地，努力建成集绿色、科技、人文、创新为一体的高标准国际化工业园区。到“十二五”末，稀土产业产值实现300亿元，基本建成“全国稀土产业基地”和国家级稀土产业高新园区。

三、园区项目及发展亮点

有力的政策保障和先进的管理措施。政策方面，龙岩市享有东部地区率先发展、原中央苏区县参照执行西部地区政策、国家可持续发展实验区等优惠政策，另外福建省政府出台《福建省人民政府关于促进稀土行业持续健康发展的若干意见》（闽政文〔2011〕304号），《福建省人民政府关于鼓励外商投资的若干意见》（闵政〔2012〕35号），福建省加强稀土资源保护科学开发稀土资源行动方案（2012—2015年），《福建省加快战略性新兴产业发展的实施方案》（闽政〔2011〕104 号），并且龙岩市出台了《福建（龙岩）稀土工业园鼓励客商投资优惠政策》（龙政综〔2010〕388 号）、《关于进一步加强稀土资源开发监管的意见》（岩委办〔2011〕92 号）、《福建（龙岩）稀土工业园区工业项目建设管理（暂行）规定》等政策文件，促进稀土行业持续健康的发展。管理措施方面，稀土工业园成立项目服务工作小组，实行"一个项目、一名副处级领导、一套班子、一抓到底"的"四个一"工作机制，做到随时走访企业，及时协调解决问题。龙岩市对全市稀土资源勘探开发实施"五统一"政策（统一规划、统一开采、统一价格、统一收购、统一分配），"五统一"管理模式得到了国家有关部委的充分肯定，作为福建稀土发展的典范，被称为"福建模式"。

积极寻求广泛科技支撑。园区与中科院海西研究院、中科院长春应用化学研究所、清华大学紫荆创新研究院、华东理工大学工业催化研究所、江西理工大学等科研院所签订了院地合作战略框架协议，为园区企业发展提供强大的科技支撑。

园区产业集聚效应明显，截至 2014 年开工建设项目达 11 个。园区将稀土永磁电机、稀土发光材料、稀土催化剂等 3 个产业作为产业链发展突破口来抓，扶持做大做强标杆性企业，辐射带动形成有竞争力的产业链条。与中石油签订总投资 10 亿元、年产 5 万吨稀土石油裂化催化剂项目，与清华大学达成三个方面的战略合作意向，建立校地合作关系，合作组建龙岩紫荆创新研究院，合作成立稀土高新技术企业，分期建成年产 3000 吨稀土钕铁硼烧结永磁体和 300 万台稀土永磁电机的生产线，目前园区已落户永磁电机、钕铁硼应用型电子产品、汽车尾气净化器、催化剂等一批项目，预计投产后可实现年产值 90 亿元以上。

第二节　内蒙古包头稀土高新技术产业开发区

一、园区概况

内蒙古包头国家稀土高新技术产业开发区于 1992 年被国务院批准为国家级高新区，是全国 114 个国家级高新区中唯一一个以稀土资源命名的高新区，是内蒙古地区唯一的国家级高新区。被国家有关部委认定为：国家新型工业化产业示范稀土新材料基地、全国稀土新材料产业知名品牌创建示范区、国家稀土新材料高新技术产业化基地、国家创新型特色园区、国家海外高层次人才创新创业基地等18个国家级基地（中心）。园区在2012年被科技部评为“国家高新区建设20年先进集体”，成长为内蒙古自治区近年来经济增长最强劲、产业集群发展最重要、科技创新最活跃、城市建设最突出、民生事业发展最迅速的区域之一。

稀土高新区位于包头市区南侧，属全市规划中心。坐落于包头高新区铁路、公路、航空综合交通网络内，距火车站6公里、民航机场16公里，区内有多条城市规划主干道，以及纵横交错的区间路，形成四通八达的快捷交通网络。另外包头是连接中国华北、西北的重要交通枢纽和中国西部重要的邮电通信中心。包兰、包白、包神铁路在包头交汇，东行可至北京，西行可达兰州，南行可抵太原、西安、上海、宁波等地。110国道（北京—宁夏银川）、210国道（包头—广西南宁）、京藏高速公路、包茂高速公路（包头—广东茂名）经过包头市区，有27条公路干线通向全国各地，形成了以北京—包头、包头—银川为东西轴线和包头—白云、包头—西安为南北轴线，连接内蒙古自治区和周边省、自治区、直辖市的公路网络，公路密度超过全国平均水平。民航机场达到4D级标准，形成了可覆盖华北、西北、华东、华中、华南等地区，较为完善支线航空运输网络。

二、园区产业布局

稀土高新区在稀土、铝铜深加工、矿用车、风光新能源设备、新材料、环保节能、纺织方面已形成相当规模，产业集聚效应初步体现。园区以建设“全国一流创新型特色稀土高新区”为中心，着力打造“稀土应用产业、有色金属深加工产业、高端装备制造产业、高新技术产业、现代服务业”五大基地。形成了稀土应用产业园区、希望循环经济园区、综合生态产业园区、总部经济园区、高端设备制造园区、现代物流园区、金融商务园区、大学科技园区这八大园区协同发展态势。稀土应用产业园区总面积532.5公顷（7988亩），主要打造五大基地和一个中心。五大基地为稀土原材料的制造基地、稀土新材料的生产基地、稀土应用产品生产基地、稀土科技研发基地、稀土人才培养基地。一个中心指以稀土科技、经济、贸易、物流、人才等方面为重点的信息中心。

三、园区项目及发展亮点

高新区总面积150平方公里，注册企业3600余家，其中稀土企业75家，上市公司投资企业22家，世界500强企业7家，外资企业39家，高新技术企业53家，占内蒙古自治区的40%。“创业海归”累计达到309名，海归博士95名、海归硕士105名；“千人计划”人才5人，内蒙古“草原英才”工程人才20人；全区研发中心达49家，全年研发项目170余项；新增专利360项，专利总数达到2000多项，占包头市近55%。

2014年，稀土高新区实现生产总值380亿元，同比增长10.5%，规模以上工业企业工业增加值实现增长13%，固定资产投资额达到568亿元，同比增长16%，社会消费品零售总额实现77.4亿元，同比增长10%，一般公共财政预算收入达到43.7亿元，同比增长8%，城镇居民人均可支配收入为37468元。

2014年，高新区列入包头市亿元以上工业重点建设项目27个，占包头市项目的11.1%，居全市第三；完成固定资产投资89.7亿元，占比12.4%，居全市第五；累计竣工项目17个，竣工率达63%，位居全市第一。

企 业 篇

第十六章　重点石化化工企业

第一节　中国石油化工集团公司

一、企业生产经营范围

1998 年 7 月国家在原中国石油化工总公司基础上重组成立特大型国家独资石油石化企业集团，即中国石油化工集团公司 (英文缩写 Sinopec Group)，中国石油化工集团公司是国家授权投资的机构和国家控股公司，注册资本 1820 亿元，总部位于北京，生产经营范围以石油化工为主，包括家用产品和商用产品两大类，家用产品有汽（柴）成品油、润滑油、液化石油气等石化产品；商用产品有合成橡胶、合纤单体及聚合物、化肥等化工产品，工业用、车用、船用的润滑油，石油焦，催化剂，沥青，天然气等石化产品。

二、企业规模

2014 年前三季度资本支出约 693.87 亿元，其中：勘探及开发板块 372.26 亿元，主要用于胜利、塔河、元坝、大牛地等油气田，以及涪陵页岩气田产能建设，山东、广西等 LNG 项目及天然气管道建设；炼油板块 110.16 亿元，主要用于石家庄、扬子、塔河、九江等炼油基地；煤电板块 94.15 亿元，主要用于齐鲁丙烯腈、茂名聚丙烯等产品结构调整、基础化工项目建设以及宁东煤电化一体化项目股权收购、中安煤化工等项目；营销及分销板块 96.71 亿元，主要用于加油（气）站改造，成品油管网、油库等仓储设施建设，安全隐患以及油气回收等专项治理；总部科研信息及其他 20.59 亿元，主要用于科研装置及信息化项目建设。

2014 年各项生产经营数据都呈现良好发展态势。前三季度，原油加工量为

11.76 亿吨，同比增长 0.94%，生产成品油 1.09 亿吨，同比增长 3.67%，生产化工轻油 3.97 千万吨，同比增长 3.56%，多数经济指标创历史新高或接近世界领先水平。前三季度累计生产乙烯 785.8 万吨，同比增长 6.22%，合成树脂产量为 1074.8 万吨，同比增长 5.14%，合成橡胶产量为 72.5 万吨，同比增长 1.40%，合纤单体及聚合物为 625.3 万吨，同比增长 8.70%，合成纤维为 98.6 万吨，同比增长 6.01%。成品油总经销售量为 1.38 亿吨，同比增长 2.61%，境内成品油经营量为 1.26 亿吨，同比增长 1.91%。

三、企业经济效益分析

2014 年，集团各项经营指标都呈现增长态势，如经营收益、经营活动产生的现金、股东应占利润、基本每股收益、稀释每股收益、净资产收益率、总资产等。

表 16-1　2014 年 1—9 月集团财务信息（单位：千万元）

	经营活动产生的现金	经营收益	本公司股东应占利润	基本每股收益（元/股）	稀释每股收益（元/股）	净资产收益率（%）	总资产	本公司股东应占权益
2013年1—9月	7961.2	7828.8	5230.0	0.5	0.4	9.4	138291.6	56880.3
2014年1—9月	10824.7	7636.4	5179.8	0.4	0.4	8.7	143759.0	59235.7
2014年同比增长（%）	35.9	2.5	0.9	1.6	4.7	—0.7	3.9	4.1

数据来源：集团公司季报，2014 年 10 月。

四、企业创新能力分析

2014 年，中石化承建国家能源局批复建设的重要创新平台之一，国家能源页岩油研发中心，该研发中心将搭建页岩油研发领域国际合作与交流平台，促成一批创新能力强、实战经验丰富的专业技术团队，为我国页岩油勘探开发科技创新与实践导航。集团共投资 20.59 亿元人民币，主要用于科研装置及信息化项目建设，打造中石化创新工厂，打破院所界限、内外界限，引领公司在技术、产业及商业模式上的变革。

第二节　中国海洋石油总公司

一、企业生产经营范围

中国海洋石油总公司（中文简称“中国海油”）是中国国务院国有资产监督管理委员会直属的特大型国有企业，总部设在北京，有天津、湛江、上海、深圳四个上游分公司。中海油属于世界500强企业，是主业突出、产业链完整的国际能源公司。

中海油总公司业务板块涵盖石油和天然气等领域，现在已经形成了油气勘探开发、专业技术服务、炼化销售及化肥、天然气及发电、金融服务、新能源等六大业务板块。第一，油气勘探开发。中海油在我国海上共拥有四个主要产油地区：渤海湾、南海西部、南海东部和东海。同时，中海油在印度尼西亚、尼日利亚、澳大利亚和其他国家均有石油业务。第二，天然气及发电。中海石油气电集团有限责任公司是中国海洋石油总公司的全资子公司，负责统一经营和管理中国海油天然气及发电板块业务。气电集团正为中国沿海地区提供可靠和充足的清洁能源，为中海油打造低碳竞争力和实现可持续发展的重要平台。第三，专业技术服务领域。中海油田服务股份有限公司、海洋石油工程股份有限公司以及中海油能源发展股份有限公司专门负责中海油专业的技术服务。

二、企业规模

中海油2014年国内油气总产量再次实现5000万吨，已经连续五年实现稳产。中海油在国内共四个主力油田，分别为渤海、东海、南海西部、南海东部，其中，渤海油田对油气产量贡献最大，到2014年已连续五年超额完成3000万方产量目标，约占中国海油国内油气总产量的60%。中海油表明，渤海油是我国北方重要的能源生产基地，自开采之日起，已经累计发现探明石油地质储量32.89亿吨，累计向国家贡献了2.5亿吨。2014年12月25日，渤海油田顺利完成3000万方产量目标，勘探钻井53口，获得7个商业或潜在商业发现，新增探明石油地质储量2.26亿吨。

三、企业经济效益分析

2014 年，中海油总公司超额完成国务院国资委下达的 2014 年利润总额 1050 亿元“保增长”目标。2014 年 1—9 月，公司实现钻井服务作业 10297 天，同比增长 10.20%，日历天使用率 92.1%，同比下降 3.3%。油田技术服务方面，多条作业线工作量均较 2013 年同期有所增加，进而带动收入同比增长。传播服务作业 17766 天，同比下降 1.60%，日历天使用率 93.4%，同比下降 1.1%。物探服务三维采集 22144 平方公里，同比下降 0.90%，数据处理 15090 平方公里，同比增长 21.20%。公司毛利率 34.94%，同比上升 0.85%。

表 16-2　2014 年 1—9 月集团财务信息（单位：亿元，%）

	2013年末	2014年1—9月	同比增长
总资产	2810.4	2887.5	2.7
	2013年1—9月	2014年1—9月	
营业额	129.3	153.1	18.41
归属于母公司股东的净利润	13.3	25.9	95.03
经营活动产生的现金流量净额	19.8	12.5	–36.84
基本每股收益（元）	0.34	0.59	0.8

数据来源：中国海洋石油总公司季报，2014 年 10 月。

四、企业创新能力分析

2014 年，中海油专利授权量位列前十，累计获得授权专利 2612 项，其中，发明专利 812 项，发明专利主要集中在上游板块，主要来源于研究总院、中海油服、海油发展和海油工程等单位。在地球物理方面，中海油创新了一系列技术，斜缆采集、高密度地震、宽频处理、基于贝叶斯理论的测压作业、解释性处理一体化等技术都紧贴实际，经济价值高，应用前景广。比如，通过对郯庐断裂带进行大规模的系统研究，最终形成“走滑转换带控藏”这一重要的创新认识；海上复杂储层岩性及流体性质识别关键技术，有效解决了复杂储层评价的部分重大难题；半潜式平台螺杆泵测试配套系统，使公司的半潜式平台稠油、高凝油测试技术迈上一个新台阶。

第十七章　重点钢铁企业

第一节　宝钢股份有限公司

一、企业生产经营范围

宝山钢铁股份有限公司（简称“宝钢股份”）是中国先进的钢铁联合企业，从事高技术含量、高附加值钢铁产品的生产，产品包括汽车用钢、船舶用钢、管线钢、家电用钢、电工器材用钢、锅炉和压力容器用钢、高等级建筑用钢等多个种类。为了更好促进钢铁主业发展，公司立足主业发展需求，大力发展相关业务，围绕钢铁产业链条，进行内外部资源整合。目前公司经营的业务范围不仅包括钢铁产品生产与销售，还涉足电力、煤炭、工业气体生产、码头、仓储、运输、进出口贸易等多项业务。目前，宝钢股份不仅是中国市场主要钢材供应商，其产品也出口日、韩、欧、美等40多个国家和地区。

二、企业规模

上半年公司完成铁产量1089.0万吨，钢产量1114.9万吨，商品坯材销量1121.4万吨，实现合并利润总额44.7亿元。2014年上半年，88家大中型钢企累计实现利润总额74.8亿元，较2013年同期增长133.5%，宝钢股份利润总额占大中型钢企利润近六成，继续保持国内同行业最优经营业绩。

三、企业经济效益分析

2013年年末，宝钢股份总资产2266.7亿元，截至2014年6月底，宝钢股份总资产2289.2亿元，较上年度末增长0.99%。

2013年，宝钢股份实现营业总收入961.0亿元，2014年上半年公司实现营业总收入976.0亿元，同比增长1.56%。

2014年上半年公司实现合并利润总额44.7亿元，较2013年同期减少7.1亿元，减幅13.7%，主要是受上半年汇兑损失的影响。剔除汇兑损失后，合并利润总额47.4亿元，同比上升0.3亿元。

四、企业创新能力分析

2014年宝钢股份技术创新始终处于国家前列。比如，“低温高磁感取向硅钢制造技术的开发与产业化”项目获国家科技进步一等奖；“高等级无取向硅钢制造技术的开发与产业化”项目获上海市科技进步一等奖；适应云计算及移动互联网的快速发展，上海市单体规模最大的云计算机房——宝之云IDC一期项目正式启用。

第二节　鞍钢股份有限公司

一、企业生产经营范围

鞍钢股份有限公司（简称“鞍钢股份”）是国内大型钢铁联合企业，主要业务包括热轧产品、冷轧产品、中厚板及其他钢铁产品的生产及销售。公司产品包括16大类、600个牌号、42000个规格。同时，鞍钢围绕钢铁主业，积极开展其他业务，如焦化产品及副产品、冶金原燃材料、铁合金、电力、工业气体等生产和销售，冶金运输、装卸搬运、仓储等物流业务，技术咨询、开发、转让等服务，以及标准物资、小型设备研制，理化性能检验，试样加工，检验设备维修等多种业务。

二、企业规模

截至2014年6月30日，公司拥有员工数量34751人，其中，生产人员26657人，销售人员343人，技术人员4501人，财务人员288人，行政管理人员1047人。公司员工中，本科以上学历8032人，占员工人数的23.11%，专科8569人，占员工人数的24.66%，中专15619人，占员工人数的44.95%。

三、企业经济效益分析

2014年9月底，鞍钢股份总资产922.8亿元，较上年同期减少0.63%。2013

年年末，鞍钢股份总资产928.7亿元。

2014年前三季度，鞍钢股份实现营业总收入571.9亿元，同比增长1.83%；2014年第三季度公司营业收入为190.1亿元，比上年同期下降1.19%。

2014年前三季度，鞍钢股份实现利润9.23亿元，同比增长20.65%；2014年第三季度公司利润为3.46亿元，比上年同期下降0.21%。

四、企业创新能力分析

由鞍钢股份鲅鱼圈分公司厚板部研发生产的三代核电反应堆安全壳用钢，被中国钢铁工业协会授予2014年度中国钢铁工业“产品开发市场开拓奖”。鞍钢股份“一种冶金废料产品作为转炉冷却剂及其使用方法”和“一种低成本洁净钢的生产方法”两项发明专利荣获第十六届中国专利优秀奖。“一种冶金废料产品作为转炉冷却剂及其使用方法”开辟了冶金含铁固废综合利用的新途径，解决了钢铁废料低成本处理和回收利用的技术难题，其投资少、运行成本低，成为钢铁企业低成本处理含铁固废的成功范例，符合我国循环经济的“3R”原则，具有广阔的应用前景。“一种低成本洁净钢的生产方法”发明专利，也是由鞍钢股份创造的。该项发明专利在钢铁冶金领域首次提出通过爆裂反应分散粉剂的技术，实现了炼钢精炼过程中去除细小夹杂物、脱磷以及快速成渣脱硫等功能。该技术的开发搭建了鞍钢经济型洁净钢生产技术平台，在鞍钢股份炼钢总厂及鲅鱼圈分公司得到全面应用后效益显著，是一项低成本洁净钢生产创新技术，总体水平达到国际领先，在同类钢铁企业具有广阔推广前景。

第三节　武汉钢铁股份有限公司

一、企业生产经营范围

武汉钢铁股份有限公司（简称“武钢股份”）是武汉钢铁(集团)公司控股的上市公司，是武钢集团的钢铁主业，炼铁、炼钢、轧钢等完整的钢铁生产工艺流程均为世界先进水平，冷轧硅钢片、汽车板、高性能工程结构用钢、精品长材四大战略品种是武钢股份的代表产品。公司主要生产经营冶金产品及副产品、钢铁延伸产品的制造，冶金产品的技术开发，主要产品有冷轧薄板(包括镀锌板、镀锡板、彩涂板)和冷轧硅钢片。

二、企业规模

武汉股份所经营的钢铁产品种类全，工艺佳，性能优。2014 年前三季度，公司钢铁产品的营业收入为 366.8 亿元，营业成本为 341.9 亿元。其中，热轧产品的营业收入为 200.0 亿元，营业成本为 195.4 亿元，冷轧产品的营业收入为 166.9 亿元，营业成本为 146.5 亿元。

武汉股份的销售市场几乎覆盖我国全部地区。2014 年前三季度，公司在我国东北区的营业收入为 6430.7 万元，营业成本为 5070.7 万元，在我国华北区的营业收入为 30.8 亿元，营业成本为 28.8 亿元，在我国华东区的营业收入为 79.7 亿元，营业成本为 74.9 亿元，在我国华中区的营业收入为 200.7 亿元，营业成本为 185.6 亿元，在我国华南区的营业收入为 38.2 亿元，营业成本为 36.1 亿元，在我国西南区的营业收入为 10.4 亿元，营业成本为 10.1 亿元，在我国西北区的营业收入为 6.4 亿元，营业成本为 5.8 亿元。

三、企业经济效益分析

2013 年末，武钢股份总资产 9467.6 亿元，截至 2014 年 9 月底，武钢股份总资产 9962.7 亿元，较上年度末增加 5.23%。

2013 年末，武钢股份实现营业总收入 666.6 亿元，2014 年前三季度公司实现营业总收入 611 亿元，同比下降 8.34%。

2013 年末，武钢股份实现利润总额 4.3 亿元，2014 年前三季度公司实现利润总额 7.7 亿元，同比增长 18.36%。

四、企业创新能力分析

2014 年，由武钢研究院、武钢炼铁厂、武钢重工集团共同完成的新型高炉风口研制及应用项目通过技术鉴定，该项目研制的风口经过了充分的工业试验，并于近年在武钢各座高炉上全面推广应用，使用效果良好，稳定了高炉生产，为武钢高炉长寿技术作出了巨大贡献，并取得了显著的经济效益。武钢公司与神龙汽车有限公司共同签署《关于建立武钢神龙汽车用钢联合实验室》协议暨联合实验室揭牌仪式在武钢研究院科技大厦内举行，通过联合建立实验室的方式，在立足有效解决生产问题的同时，加快与提升汽车用钢新材料、新技术的开发运用及联合创新能力。

第十八章　重点有色金属企业

第一节　宝鸡钛业股份有限公司

一、企业生产经营范围

宝鸡钛业股份有限公司（以下简称“宝钛”）是由宝钛集团有限公司作为主发起人，联合西北有色金属研究院、中国有色金属进出口陕西公司等联合设立的股份有限公司。公司主要从事钛及钛合金等稀有金属材料和各种金属复合材料的生产、加工、销售业务，拥有比较先进的钛材生产体系，涉及“熔铸、锻造、板、带材、无缝管、焊管、棒丝材、精密铸造、残废料处理、海绵钛”十大生产系统，主体装备从美、日、德、奥等国家引进。公司产品广泛用于航空航天、电力、化工、冶金、医药等领域，销往美国、日本、德国、法国、英国等几十个国家和地区，国际影响力逐渐增强。

二、企业规模

宝钛拥有中国钛工业最先进的生产系统，从美、日、德、奥等 15 个国家引进的冷床炉、10 吨炉、2500 吨快煅机、精锻机等一大批熔铸、锻造、轧制、检测等方面的国际先进设备，占设备总价值 70% 以上，整体装备水平已达到国际先进水平。公司已经具备年产 25000 吨钛铸锭和 15000 吨钛加工材的生产能力，2009、2010 年钛产品产量分别为 1.7 万吨、1.8 万吨，位居世界第二。到 2015 年，公司力争形成 4 万吨铸锭生产能力，3 万吨钛及钛合金加工材及一定量的锆、镍、钢等金属产品生产能力，国际市场占有率提升到 20%，宝钛成为世界钛工业前三甲企业。

三、企业经济效益分析

2013 年末，集团总资产为 65.9 亿元，2014 年同期，集团总资产为 66.9 亿元，比上年度末增长 1.49%。

2013 年前三季度，集团营业收入为 17.3 亿元，2014 年同期，集团营业收入为 17.7 亿元，同比增长 2.26%。

2013 年前三季度，集团实现净利润为 345.4 万元，2014 年同期，集团实现净利润为 150.7 万元，同比下降 56.38%。

四、企业创新能力分析

集团积极组织开展具有自主知识产权的技术创新和新产品开发，并加强专利申报工作。2014 年上半年，集团承担了国家“863”计划海洋技术领域“4500 米潜水器 TC4 载人球壳”项目，并且通过了施工设计评审会的评审工作，正式开工建造，这对集团拓展海洋应用领域钛具有里程碑的意义；合营公司西安宝钛美特法力诺焊管有限公司承担的国内首台百万千瓦核电机组国产化冷凝器用钛焊管正式开工生产，表明核电用钛焊管原料在我国正式实现国产化，西安宝钛美特法力诺焊管有限公司还是国内首家获得核电钛焊管生产资质的企业。集团 2014 年申报的 3 个科技成果项目获中国有色金属工业科学技术奖，其中，《YS/T 795–2012〈高尔夫球头用钛及钛合金板材〉标准化研究》获二等奖，《YS/T 776–2011〈钛合金用铝硅中间合金〉标准化研究》和《YS/T 824–2012〈钛合金用铝锡中间合金〉标准化研究》获三等奖。

第二节　江西铜业股份有限公司

一、企业生产经营范围

江西铜业股份有限公司（以下简称“江西铜业”）是由江西铜业集团公司和香港国际铜业（中国）投资有限公司等四家公司联合发起设立的股份有限公司，主要从事有色金属、稀贵金属的采选、冶炼、加工及相关技术服务，以及硫化工及其延伸产品、精细化工产品的生产等，同时涉及金融、贸易等多个领域，形成了铜、稀贵金属、稀土、硫化工、金融和贸易六大板块。公司拥有 8 家矿山，5 家冶炼厂，6 家铜加工企业等，在国内属于铜精矿自给率较高的企业，具有较强的资源优势。

二、企业规模

江西铜业股份有限公司经营业务领域广，覆盖海内外市场。

公司经营产品分为阴极铜、铜杆线、铜加工产品、黄金、白银、化工产品、稀散及其他有色金属。2014 年上半年，阴极铜的营业收入为 542.4 亿元，同比增长 2.2%；铜杆线的营业收入为 240.5 亿元，同比增长 4.0%；铜加工产品的营业收入为 16.1 亿元，同比下降 1.3%;黄金的营业收入为 36.5 亿元，同比下降 5.3%;白银的营业收入为 12.7 亿元，同比下降 12.9%；化工产品的营业收入为 6.1 亿元，同比下降 40.4%；稀散及其他有色金属的营业收入为 63.1 亿元，同比增长 116.9%。

公司的业务覆盖中国内地、中国香港等市场领域。2014 年上半年，公司在中国内地的营业收入为 819.2 亿元，同比增长 4.0%；在中国香港的营业收入为 38.4 亿元，同比增长 4.9%；在国外市场的营业收入为 69.7 亿元，同比增长 31.4%。

三、企业经济效益分析

江西铜业股份有限公司 2014 年发展稳中有升，势头良好，总资产和营业收入都稳步上升，净利润小幅震荡下降。

2014 年前三季度，公司总资产为 935.9 亿元，2013 年末公司总资产为 887.7 亿元，2014 年前三季度比上年度末增长 5.44%。

2014 年前三季度，公司营业收入为 1474.2 亿元，2013 年前三季度公司营业收入为 1319.4 亿元，2014 年前三季度营业收入同比增长 11.74%。

2014 年前三季度，江西铜业股份有限公司的净利润为 23.2 亿元，2013 年前三季度为 24.7 亿元，2014 年前三季度净利润同比下降 5.89%。

四、企业创新能力分析

江西铜业股份有限公司成功创建“国家铜冶炼及加工工程技术研究中心”、“江西铜业集团公司技术中心”、“江西铜业股份有限公司院士工作站”、“江西铜业集团公司博士后工作站”四个科研平台，公司的知识产权创造能力强。公司专利申请量从 2006 年 8 件增长到 2014 年的 1032 件,成为江西省首家专利申请过千件企业，专利授权量增长 90 多倍，从 8 件增长到 725 件，年均复合增长率则高达 102%。

第三节　吉恩镍业股份有限公司

一、企业生产经营范围

吉林吉恩镍业股份有限公司（以下简称“吉恩镍业”）是昊融集团旗下最大的控股子公司，是集采选、冶炼、化工于一体的大型有色金属企业，从事硫酸镍、高冰镍、电解镍、氢氧化镍等产品的生产和销售，是亚洲最大的硫酸镍生产基地和国内最大的电镀、化学镀材料生产企业之一。

二、企业规模

吉恩镍业股份有限公司经营多种镍产品，覆盖国内外市场。

2014 年上半年，吉恩镍业股份有限公司生产的硫酸镍的营业收入为 4.0 亿元，同比增长 14.02%；电解镍的营业收入为 2.1 亿元，同比增长 144.45%；镍精矿的营业收入为 5.7 亿元，同比增长 26.69%。

2014 年上半年，公司国内营业收入为 8.1 亿元，同比增长 26.53%；公司国外营业收入为 5.9 亿元，同比增长 1995.19%。

三、企业经济效益分析

2014 年上半年，加拿大皇家矿业 Nunavik 铜镍矿项目正式投产，实现镍精矿销售收入 5.7 亿元，吉恩镍业股份有限公司的年营业收入也比同期大幅上升。

2014 年上半年，吉恩镍业股份有限公司的营业收入为 14.2 亿元，2013 年同期为 7.5 亿元，2014 年上半年比 2013 年同期增长 90.54%。

2014 年上半年，吉恩镍业股份有限公司的总资产为 240.4 亿元，2013 年末公司总资产为 198.9 亿元，2014 年上半年比 2013 年末增长 20.88%。

2014 年上半年，吉恩镍业股份有限公司的总利润为 384.3 万元，2013 年上半年公司的总利润为 –6706 万元。

四、企业创新能力分析

吉恩镍业股份有限公司拥有国家认定的企业技术中心，被认定为“省创新型企业”。公司已经拥有专利技术 27 项，其中多项技术填补国内空白，是市场前景看好的新产品生产技术。公司的非专利技术也非常成熟，比如羰基铁粉生产技术、过渡族羰基金属生产研发技术和镍精矿熔炼技术。

第十九章　重点建材企业

第一节　中国玻纤股份有限公司

一、企业生产经营范围

中国玻纤股份有限公司是中国建材股份有限公司玻璃纤维业务的核心企业，以玻璃纤维及制品的生产与销售为主营业务，是我国新材料行业中进入资本市场早，企业规模大的上市公司之一。1999 年，中国玻纤在上海证券交易所上市。公司在国内的生产基地分别位于浙江桐乡、江西九江和四川成都，可实现超过 90 万吨的玻纤纱年产能；公司玻纤产品共有 20 多个大类近 500 个规格品种，主要有中碱和无碱玻璃纤维无捻粗纱、短切原丝、乳剂型及粉剂型短切毡、玻璃纤维无捻粗纱布等增强型玻纤产品。先后被国家科技部评为“国家火炬计划重点高新技术企业”，被国家科技部、国务院国资委、中华全国总工会确定为国家第三批创新型试点企业，并获得“中国建材 500 强”、“中国企业信息化 500 强”、“全国实施卓越绩效模式先进企业”、“中国节能减排领军企业”、“建材行业首批 AAA 级信用企业”等多项荣誉和资质。

二、企业规模

2014 年，中国玻纤股份有限公司正式由北京搬迁至浙江省嘉兴市桐乡梧桐街道文华南湖 669 号。2014 年，公司点火池窑约有 20 万吨产能，冷修产能约为 20 万吨，无新增净产能。

2014 年，中国玻纤股份有限公司大力开拓海外市场，将自筹及银行贷款 1.88 亿美元，用于建设埃及 8 万吨 / 年的无碱玻璃纤维池窑拉丝生产线；自筹及银行贷款2.97亿美元建立美国8万吨/年的无碱玻璃纤维池窑拉丝生产线。2014年上半年，中国玻纤股份有限公司在国外市场的营业收入为13.04亿元，比上年同期增长14.65%。

三、企业经济效益分析

2013年末，集团总资产为65.9亿元，2014年前三季度，集团总资产为66.9亿元，比上年度末增长1.49%。

2013年前三季度，集团实现营业收入为17.3亿元，2014年同期，集团实现营业收入为17.7亿元，同比增长2.26%。

2013年前三季度，集团实现净利润为345.4万元，2014年同期，集团实现净利润为150.7万元，同比下降56.38%。

四、企业创新能力分析

中国玻纤股份有限公司以“提质量、强管理、调结构、重创新、拓市场、谋布局、带队伍、树品牌”为工作思路，建设了若干重大创新项目：桐乡生产基地年产12万吨玻纤池窑拉丝生产线技改项目、年产1亿米电子级玻璃纤维布生产线增资项目、桐乡生产基地年产12万吨池窑拉丝生产线节能技改项目、年产60万吨生产基地胚胎自动化仓储中心建设项目等。

第二节　北京东方雨虹防水技术股份有限公司

一、企业生产经营范围

北京东方雨虹防水技术股份有限公司于1998年3月成立，是一家集防水材料研发、制造、销售及施工服务于一体的中国防水行业龙头企业，北京东方雨虹防水技术股份有限公司的控股公司有上海东方雨虹、岳阳东方雨虹、广东东方雨虹、四川东方雨虹、锦州东方雨虹、昆明风行防水材料有限公司、徐州卧牛山新型防水材料有限公司、山东天鼎丰非织造布有限公司、北京东方雨虹地矿安全技术有限公司等，北京东方雨虹防水技术股份有限公司的八大生产基地分别位于北京顺义、上海金山、湖南岳阳、辽宁锦州、广东惠州、云南昆明、江苏徐州新沂和山东德州临邑，总占地面积160多万平米，多功能进口改性沥青防水卷材生产线、冷自粘沥青防水卷材生产线和世界先进的环保防水涂料生产线均为世界领先水平。SBS、APP、自粘、高分子等各类防水卷材的年产能为 8700 万平方米，聚氨酯系列、聚脲系列、丙烯酸系列、水泥基系列、沥青系列等各类涂料的年产能为 12.98 万吨。

二、企业规模

据中国建筑防水材料工业协会提供的数据，公司在中国建筑防水材料行业销售额排行中连续位列第一，并且随着公司的进一步发展和市场的进一步规范，公司市场占有率也将随之不断提高。

三、企业经济效益分析

2013 年末，集团总资产为 35.2 亿元。2014 年上半年，集团总资产为 47.8 亿元，比上年度末增长 35.8%。

2014 年前三季度，集团实现营业收入为 36.3 亿元，同比增长 30.26%。2014 年第三季度，集团实现营业收入 12.7 亿元，同比增长 10.02%。

2014 年前三季度，集团净利润为 4.3 亿元，同比增长 84.86%。2014 年第三季度，集团实现营业收入 2.0 亿元，同比增长 51.95%。

四、企业创新能力分析

北京东方雨虹防水技术股份有限公司是集防水材料研发、制造、销售及施工服务于一体的中国防水行业龙头企业，是中国防水行业唯一上市的国家高新技术企业，并在业内是唯一拥有国家级企业技术中心和博士后科研工作站的企业。

北京东方雨虹防水技术股份有限公司的研发力量和科研能力都位于国内同行业领先位置。北京东方雨虹防水技术股份有限公司是国家火炬计划重点高新技术企业和北京市高新技术企业，公司防水技术研究所是“国家认定企业技术中心”，是国内防水行业第一家国家级企业技术中心。

第三节　北京金隅股份有限公司

一、企业生产经营范围

北京金隅集团有限责任公司于 1992 年成立，前身是北京市建材工业局。金隅股份主业为建材制造，房地产开发和不动产经营为辅业，是中国大型建材生产企业中唯一一家具有上述完整的纵向一体化产业链结构的建材生产企业。金隅股份经营的“金隅牌”水泥、“天坛牌”家具和“星牌”矿棉吸声板等均为中国和北京名牌产品；金隅股份的房地产开发业和以高档物业管理、度假休闲为代表的不动产经营业已成为公司另一强劲的经济增长点，并呈现出健康稳健态势。

二、企业规模

金隅股份是全国最大的建筑材料生产企业之一，公司是国家重点支持的 12 家大型水泥企业之一和京津冀区域最大的水泥和混凝土生产商及供应商；全国最大的建材制造商之一和环渤海经济圈建材行业的引领者；北京地区综合实力最强的房地产开发企业之一和开发最早、项目最多、体系最全的保障性住房开发企业；北京最大的投资性物业持有者和管理者之一。2014 年上半年，金隅股份有限公司通过销售产品获得的营业收入为 71.2 亿元，大宗商品贸易获得的营业收入为 34.4 亿元，房屋土地销售获得的营业收入为 78.9 亿元，租赁收入获得的营业收入为 6.0 亿元，物业管理获得的营业收入为 3.3 亿元，酒店管理获得的营业收入为 1.7 亿元，工程施工的营业收入为 5.4 亿元，固废处理的营业收入为 2.1 亿元。

三、企业经济效益分析

2013 年末，集团总资产为 988.4 亿元，2014 年上半年，集团总资产为 1028.5 亿元，比上年度末增长 4.1%。

2013 年前半年，公司实现营业收入 203.9 亿元，2014 年上半年，公司实现营业收入为 206.4 亿元，同比增长 1.2%。

2013 年前半年，公司实现净利润 12.9 亿元，2014 年上半年，公司净利润为 15.2 亿元，同比增长 17.1%。

四、企业创新能力分析

2014 年上半年，北京金隅股份有限公司研发投入近 3 亿元，同比增长 8.3%，专利申请量为 21 项，20 多个重点科技项目顺利有序实施，并成立了水泥工业环保节能技术北京市工程研究中心和金隅中央研究院大广园区分院。公司已形成成熟的创新环境，能进一步加速产业转型升级和构建创新驱动型经营模式。

第二十章　重点稀土企业

第一节　中国北方稀土（集团）高科技股份有限公司

一、企业基本情况

中国北方稀土（集团）高科技股份有限公司是我国乃至世界稀土生产、科研、贸易基地的龙头企业。公司始建于1961年，现有29家分子公司，其中直属单位3家、4家全资子公司、10家绝对控股子公司、7家相对控股子公司、5家参股公司。公司的稀土矿位于白云鄂博稀土矿山，产业链涉及稀土选矿、冶炼分离、深加工、应用产品、科研等全稀土工业体系，主要产品包括稀土原料（精矿、碳酸稀土、氧化物与盐类、金属）、稀土功能材料（抛光材料、贮氢材料、磁性材料、发光材料）、稀土应用产品（镍氢动力电池、稀土永磁磁共振仪）等。公司主导产品之一的北方轻稀土产品，因其具有随铁开采的成本优势，使公司在市场中具有竞争优势。公司下属的包头（包钢）稀土研究院拥有18家企业内部技术（研发）中心，是全球最大的以稀土资源开发利用为研究宗旨的专业机构，拥有全国一流的科研技术能力。

二、企业规模

中国北方稀土（集团）高科技股份有限公司主要经营稀土产品，2014年上半年，公司实现稀土行业的营业收入为22.9亿元，同比下降51.99%。其中，稀土冶炼分离产品的营业收入为14.6亿元，同比下降62.9%；稀土功能材料产品的营业收入为8.3亿元，同比下降0.98%。

2014 年上半年，由于公司主要出口价格降幅较大的镧铈类产品，导致国内外营业收入同比下降。2014 年上半年,公司在国内市场实现营业收入为 22.1 亿元，同比下降 51.74%，公司在国外市场实现营业收入 1.5 亿元，同比下降 33.35%。

三、企业经济效益分析

2013 年上半年，公司营业成本为 32.0 亿元；2014 年上半年，公司经营成本为 16.4 亿元，比上年度末下降 48.8%。

2013 年上半年，公司实现营业收入 48.3 亿元；2014 年上半年，公司实现营业收入为 23.8 亿元，同比增长 50.64%。

2013 年上半年，公司经营活动产生的现金流量净额为 10 亿元，2014 年上半年，公司经营活动产生的现金流量净额为 6315.6 万元，同比下降 93.7%%。

四、企业创新能力分析

2014 年上半年，中国北方稀土（集团）高科技股份有限公司的研发支出为 2451 万元，同比下降 37%。包钢稀土院磁制冷课题组研制的大容量磁制冷机将 117 升冷藏柜从室温降到 0 摄氏度、最大制冷温差达到 24.5 摄氏度变为现实。公司 7 项目入选包头市科学技术进步奖，其中，包钢稀土华美公司高总量低氯根羟基碳酸铈生产工艺和稀土院新型室温磁制冷机的研制被评为二等奖；稀土院风力发电机用 38UH 烧结钕铁硼磁体的时间稳定性的制造方法研究，和发公司煤系高岭土工业化制备亚微米级分子筛及其在稀土—钇催化剂载体上的应用，希苑稀土功能材料工程技术研究中心高功率镧—铁—硼系贮氢电极合金的应用开发研究，电池公司高功率 SC 型镍氢动力电池研究和磁材公司重点应用领域的高性能永磁材料的产业化关键技术开发 5 个项目入选三等奖。

第二节　北京中科三环高技术股份有限公司

一、企业基本情况

北京中科三环高技术股份有限公司是一家从事磁性材料及其应用产品研发、生产和销售的高新技术企业，是由隶属于中国科学院的北京三环新材料高技术公司联合美国 TRIDUS 公司、宁波电子信息集团公司、台全（美国）公司、宁波联合集团股份有限公司和联想集团控股公司等其他五家发起人于 1999 年 7 月 23 日发起设立，并于2000年4月20日在中国深交所上市。

该公司是从事钕铁硼磁性材料及其应用产品的生产、销售与研发的企业，主营产品为烧结钕铁硼磁体、粘结钕铁硼磁体、软磁铁氧体和电动自行车，上述产品主要可应用在计算机硬盘驱动器、光盘驱动器、风力发电、汽车电机及核磁共振成像仪等，公司中高端产品钕铁硼为12000吨，是全球第二大、中国最大的钕铁硼永磁体制造商，是目前国内唯一一家具有国际钕铁硼材料销售权的企业。公司中高端产品营收占比达60%，参股两家上游稀土公司，与五矿有色签署了战略合作协议。公司旗下拥有五家烧结钕铁硼稀土永磁生产企业——宁波科宁达、天津三环乐喜（与台全金属合作）、北京三环瓦克华（与德国真空熔炼有限公司合作）、肇庆三环京粤和孟县京秀；一家粘结钕铁硼稀土永磁生产企业——上海爱普生磁性器件（与日本精工爱普生株式会社合作）；一家软磁铁氧体生产企业——南京金宁三环富士电气（与日本富士电气株式会社和南京金宁电子集团合作）。公司控股南京大陆鸽高科技股份有限公司主要生产钕铁硼稀土永磁电机驱动的电动自行车，进一步延伸了公司现有产业链。

二、企业规模

2014年上半年，公司的制造业实现营业收入19.2亿元，同比增长11.27%。其中，磁材产品销售的营业收入为19.0亿元，同比增长10.87%，电动自行车的营业收入为1494万元，同比增长5.52%。

2014年上半年，公司国内市场实现营业收入21.8亿元，同比增长19.5%，公司国外市场实现营业收入8.3亿元，同比下降2.9%。

三、企业经济效益分析

2013年末，公司总资产为54.1亿元；2014年上半年，公司总资产为53.3亿元，同比下降1.41%。

2013年上半年，公司实现营业收入17.3亿元；2014年上半年，公司实现营业收入为19.2亿元，同比增长10.92%。

2013年上半年，公司实现净利润为1.8亿元；2014年上半年，公司经营活动产生的净利润为1.6亿元，同比下降10.1%。

四、企业创新能力分析

北京中科三环高技术股份有限公司在研发领域一直保持国内领先、国际先进的水平，具有突出的自主研发优势，多项产品被国家科技部评为国家自主创新产品，在业内享有突出的产品优势。北京中科三环高科技股份有限公司与中国钢研科技集团有限公司等五家单位联合完成的“稀土永磁产业技术升级与集成创新”获得国家科技进步二等奖。公司自主研发的高性能稀土永磁材料 N42UH 被列入首批国家自主创新产品名单中。公司被北京表面工程协会授予“技术创新先进单位奖”。

第三节　江门市科恒实业股份有限公司

一、企业基本情况

江门市科恒实业股份有限公司是国家级高新技术企业，主要从事稀土发光材料制造，地处有“中国第一侨乡”美誉的江门市。该公司是国内最大的稀土发光材料生产商，主要从事节能灯用稀土发光材料、LED 荧光粉、其他新兴领域用稀土发光材料的研发、生产和销售。

公司成立于 1994 年，前身为江门市联星科恒助剂厂，董事长万国江原为复旦大学化学系教师。公司创始期间主要从事工业助剂和纺织浆料的生产，1997 年开始涉足稀土发光材料行业。2003 年后公司在行业领域的发展获得了质的飞越，公司在技术水平、产品质量、销售规模等方面处于行业领先，成为行业龙头企业。2007 年，公司完成业务分离重组，整体变更为江门市科恒实业股份有限公司，专注于稀土发光材料的生产经营。

二、企业规模

江门市科恒实业股份有限公司是稀土领域发展比较成熟的上市企业。2014 年上半年，公司的节能灯用稀土发光材料实现营业收入 9817.4 万元，同比下降 39.8%；新兴领域用稀土发光材料实现营业收入 4525.5 万元，同比增长 91.3%；锂电材料实现营业收入 2921.9 万元，同比增长 0.19%，LED 工程实现营业收入 1703.8 万元。

江门市科恒实业股份有限公司市场领域覆盖面广。2014 年上半年，浙江省市场实现营业收入4812.9万元，福建省实现营业收入1446.5万元，江苏省实现营业收入1658.8万元，其他省份实现营业收入1.1亿元，国外市场实现营业收入3.2万元。

三、企业经济效益分析

2013年末，公司总资产为10.6亿元；2014年前三季度，公司总资产为10.8亿元，同比增长2.3%。

2013年前三季度，公司实现营业收入9157.8万元，同比下降11.8%；2014年前三季度，公司实现营业收入为9975.4万元，同比增长8.93%。

2014年前三季度，公司实现归属于上市公司股东的净利润为亏损1633.1万元，同比下滑413.05%。

四、企业创新能力分析

2014年，江门市科恒实业股份有限公司持续加大研发资金投入力度，目前，锂电材料已基本步入正轨，转光材料已实现销售收入，稀土催化剂等项目已处于客户试用、试销阶段。公司主要的研发项目有：高涂覆率绿粉、高光效蓝粉、荧光粉分散技术、特种助熔剂、农膜用转光材料、锂电池正极材料、汽车尾气用催化材料、MLCC用电子陶瓷材料、MLCC用的X7R的瓷粉的研制、氮化物红色荧光粉的植被、特殊铝酸盐黄绿色荧光粉的制备等。2014年上半年，公司获得授权的专利为3项，且都是发明专利，新受理的专利有4项，其中发明专利为2项，实用新型专利为2项。

政 策 篇

第二十一章　2014年中国原材料工业政策环境分析

第一节　国家宏观调控政策促进原材料工业转型升级

一、大力化解产能过剩

受国际金融危机的深层次影响，国际市场持续低迷，国内需求增速趋缓，我国原材料行业供过于求矛盾日益凸显，其中以钢铁、水泥、电解铝、平板玻璃等高消耗、高排放行业尤为突出，其产能利用率也明显低于国际通常水平。产能过剩问题越来越成为制约我国原材料行业健康可持续发展的关键因素，从长远来看，遏制产能过剩矛盾进一步加剧，引导好投资方向，对加快产业结构调整，促进产业转型升级具有重要意义。

2013 年 10 月，国务院发布《关于化解产能严重过剩矛盾的指导意见》（以下简称指导意见），对化解产能严重过剩矛盾的总体要求、基本原则、主要目标、主要任务、分业施策、政策措施、实施保障等作出了明确规定。2014 年，为落实指导意见，工业和信息化部下发《关于做好部分产能严重过剩行业产能置换工作的通知》，从高度重视产能置换工作、切实把握产能置换原则、严格落实产能置换要求三个层面对过剩产能置换工作进行了认真部署，对引导原材料行业化解产能过剩矛盾、加快转型升级具有十分重要的意义。

二、加快推进企业兼并重组

近年来，我国原材料行业规模不断扩大、结构不断优化，但仍存在产业集中度不高、企业竞争力不强等问题。兼并重组是企业加强资源整合、提高核心竞争力、实现快速发展壮大的有效措施，同时也是化解产能严重过剩矛盾、调整优化产业结构、提升发展质量和效益的重要途径。

2014 年，为加快推进企业兼并重组，国务院下发《关于进一步优化企业兼并重组市场环境的意见》（以下简称意见），从主要目标和基本原则、加快推进审批制度改革、改善金融服务、落实和完善财税政策、完善土地管理和职工安置政策、加强产业政策引导、进一步加强服务和管理、健全企业兼并重组的体制机制、切实抓好组织实施等九个方面营造良好的市场环境，充分发挥企业在兼并重组中的主体作用。为落实意见，充分发挥地方工业和信息化主管部门的作用，工业和信息化部发布了《关于做好优化企业兼并重组市场环境工作的通知》，从七个方面对优化企业兼并重组市场环境工作进行了部署。

三、促进清洁生产工作实施

原材料行业属于典型的“两高一资”行业，节能减排问题比较突出，随着国家对大气污染问题的整治步伐日益加快，加快推进原材料行业的清洁生产技术应用和推广、提高行业清洁生产水平、大幅减低污染物排放强度刻不容缓。

2014 年，工信部发布了《关于印发稀土行业清洁生产技术推行方案的通知》，要求将方案中载明的清洁生产技术列为节能减排、技术改造、清洁生产、循环经济等财政引导资金支持的重点，央企集团要积极支持所属企业应用推广方案中的清洁生产技术，对相关示范推广项目优先列入集团项目实施计划并提供资金支持。发改委也先后发布了《关于发布钢铁、水泥行业清洁生产评价指标体系的公告》、《清洁生产评价指标体系制（修）订计划（第一批）》等政策文件，指导原材料行业开展清洁生产。

第二节　尚需完善的配套政策

一、化解产能过剩机制需完善

原材料行业作为国民经济重要的基础产业，也是产能过剩矛盾较为突出的行业，虽然目前国务院出台了《关于化解产能严重过剩矛盾的指导意见》，对化解产能过剩问题做了整体部署，但工作机制仍需具体完善。要综合运用经济的、法律的、技术的以及必要的行政手段，要进一步完善节约能源、环境保护等法律法规，同时加强对企业执行环保、安全等法律法规的监督检查，建立协调统一的管理体系。在技术手段方面，要进一步完善环保、能耗、物耗、水耗、资源综合利用、土地等指标，倒逼落后产能退出。

二、行业标准体系需升级

我国原材料行业已经基本形成了结构较为合理的行业标准体系，但存在标准更新滞后、上下游标准衔接脱节、与国际先进水平差距较大等问题。因此对原材料行业标准必须加快升级步伐，加大标准化工作对原材料工业转型升级的重要支撑作用，促进行业发展方式由量变向质变的转变。原材料行业标准升级重点要做好以下几项工作，一是要充分考虑标准化工作与行业的配套问题，进一步调整行业标准结构；二是要以推进产业转型升级、产品更新换代为重点，研究制定一批重点产品标准；三是要配合新型工业化，加快重大装备以及资源综合利用方面标准的制修订。

三、两化融合标准需建立

推进两化融合是新的历史条件下原材料工业实现转型升级的重要途径。当前我国原材料工业信息化水平相比国外还存在较大差距，尤其是推进行业信息化发展的基础性工作较为滞后，推进行业信息化的标准工作尚处于起步阶段，远不能支撑起我国原材料行业的信息化发展。未来一定要加快建立健全原材料行业信息化标准支撑体系，以服务和支撑原材料行业两化融合发展为目标，以原材料生产企业信息技术应用的主要技术为重点，加快原材料行业信息化标准体系的研究制定，推动行业信息化标准与生产技术、管理标准的有效衔接，同时提高信息化在节能减排、安全生产和公共服务平台建设等标准中的支撑作用。

第二十二章　2014年中国原材料工业重点政策解析

第一节　综合性政策

一、《关于进一步优化企业兼并重组市场环境的意见》

（一）政策出台背景

兼并重组是企业加强资源整合、实现快速发展、提高竞争力的有效措施，是化解产能严重过剩矛盾、调整优化产业结构、提高发展质量效益的重要途径。近年来，我国企业兼并重组步伐加快，但仍面临审批多、融资难、负担重、服务体系不健全、体制机制不完善、跨地区跨所有制兼并重组困难等问题。为深入贯彻党的十八大和十八届二中、三中全会精神，认真落实党中央和国务院的决策部署，营造良好的市场环境，充分发挥企业在兼并重组中的主体作用，加快推进企业兼并重组，国务院出台了该意见。

（二）政策主要内容

《意见》针对当前企业兼并重组面临的突出矛盾和问题，重点提出了七个方面的政策措施。

一是加快推进审批制度改革。优化审批制度，系统梳理相关审批事项，缩小审批范围，推行并联式审批。取消下放部分审批事项，对市场机制能有效调节的事项，取消相关审批。简化审批程序，实行分类审核，提高审查效率，简化相关证照变更手续。

二是改善金融服务。优化信贷融资服务，引导商业银行开展并购贷款业务，改善对企业兼并重组的信贷服务。发挥资本市场作用，丰富兼并重组企业融资方式和支付方式，鼓励各类财务投资主体以多种形式参与兼并重组。完善企业兼并重组的股份定价机制。

三是落实和完善财税政策。完善企业所得税、土地增值税政策，扩大兼并重组企业所得税特殊性税务处理的适用范围，研究完善企业改制重组涉及土地增值税等相关政策。

四是完善土地管理和职工安置政策。完善土地使用政策，按规定支付给企业的土地补偿费可以用于企业安置职工、偿还债务等支出。

五是加强产业政策引导。提高节能、环保、质量、安全等标准，规范行业准入，形成倒逼机制，引导企业兼并重组。

六是进一步加强服务和管理。推进服务体系建设，配需中介服务机构。

七是健全企业兼并重组的体制机制。完善市场体系建设，深化要素配置市场化改革，加快建立现代企业产权制度，加强反垄断和反不正当竞争执法。

（三）政策影响

该意见在消除体制机制障碍，优化政策环境，完善服务和管理，有效发挥兼并重组促进产业结构调整等方面发挥了积极作用，对我国当前企业兼并重组存在的诸如税收负担重、融资成本高、涉及企业兼并重组的体制机制还不完善，跨地区、跨所有制兼并重组难，企业兼并重组过程审批项目环节多、时间长等问题作出了回答。

二、《2014—2015年节能减排低碳发展行动方案》

（一）政策出台背景

加强节能减排，实现低碳发展，是生态文明建设的重要内容，是促进经济提质增效升级的必由之路。“十二五”规划纲要明确提出了单位国内生产总值（GDP）能耗和二氧化碳排放量降低、主要污染物排放总量减少的约束性目标，但2011—2013年部分指标完成情况落后于时间进度要求，形势十分严峻。为确保全面完成“十二五”节能减排降碳目标，制定了《2014—2015年节能减排低碳发展行动方案》（以下简称《行动方案》）。

（二）政策主要内容

《行动方案》提出了今明两年节能减排降碳的具体目标：2014—2015年，单位GDP能耗、化学需氧量、二氧化硫、氨氮、氮氧化物排放量分别逐年下降3.9%、

2%、2%、2%、5%以上，单位GDP二氧化碳排放量两年分别下降4%、3.5%以上。

《行动方案》从八个方面明确了推进节能减排降碳的三十项具体措施。一是大力推进产业结构调整。二是加快建设节能减排降碳工程。三是狠抓重点领域节能降碳。四是强化技术支撑。加强技术创新，实施节能减排科技专项行动。加快先进技术推广应用，完善节能低碳技术遴选、评定及推广机制；五是进一步加强政策扶持。六是积极推行市场化节能减排机制。七是加强监测预警和监督检查。八是落实目标责任。

针对调整优化能源消费结构，《行动方案》提到，实行煤炭消费目标责任管理，严控煤炭消费总量，降低煤炭消费比重。京津冀及周边、长三角、珠三角等区域及产能严重过剩行业新上耗煤项目，要严格实行煤炭消耗等量或减量替代政策，京津冀地区2015年煤炭消费总量力争实现比2012年负增长。

关于加快建设节能减排降碳工程，推进实施重点工程，《行动方案》提出，推进脱硫脱硝工程建设，完成6亿吨熟料产能的新型干法水泥生产线安装脱硝设施，到2015年年底分别新增二氧化硫、氮氧化物减排能力230万吨、260万吨以上。

关于进一步加强政策扶持方面，《行动方案》提到，完善价格政策。严格清理地方违规出台的高耗能企业优惠电价政策。落实差别电价和惩罚性电价政策，节能目标完成进度滞后地区要进一步加大差别电价和惩罚性电价执行力度。

《行动方案》关于落实重点地区责任方面提到，强化京津冀及周边、长三角、珠三角等重点区域污染减排，尽可能多削减氮氧化物，力争2014—2015年实现氮氧化物减排12%，高出全国平均水平2个百分点。年能源消费量2亿吨标准煤以上的重点用能地区和东中部排放量较大地区，在确保完成目标任务前提下要多作贡献。18个节能减排财政政策综合示范城市要争取提前一年完成“十二五”节能目标，或到2015年超额完成目标的20%以上。低碳试点省（区）和城市要提前完成“十二五”降碳目标。

（三）政策影响

据统计2011—2013年间，全国单位GDP能耗累计下降9.03%、二氧化碳排放累计下降10.68%，节约能源共计3.5亿吨标准煤；化学需氧量、氨氮、二氧化硫、氮氧化物等排放量分别下降7.8%、7.1%、9.9%、2.0%。虽然节能减排取得了积极进展和成效，但要实现“十二五”节能减排降碳约束性目标，仍有不小差距。《行动方案》的出台将节能减排任务进行了量化，确保“十二五”节能减排降碳约束性目标任务的顺利实现。

第二节 行业政策

一、《关于促进生产过程协同资源化处理城市及产业废弃物工作的意见》（以下简称《意见》）

（一）政策出台背景

目前，我国工业固体废物年产生量约32.3亿吨，城市生活垃圾年清运量约1.71亿吨，但由于我国废弃物处置能力相对不足，大量固体废物未得到及时有效的处理处置。通过现有企业生产过程进行协同资源化处理，可以提高我国废弃物无害化处理能力，有利于化解我国废弃物处理处置的难题，是循环经济的重要领域。在企业协同处理过程中，废弃物可以作为替代原料或燃料实现部分资源化利用，含硅、钙、铝、铁等组分的废弃物可作为建材生产的替代原料；热值较高的工业废物、生活垃圾、污泥等可替代部分燃料。协同资源化可以构建企业间、产业间、生产系统和生活系统间的循环经济链条，促进企业减少能源资源消耗和污染排放，推动水泥等行业化解产能过剩矛盾，实现水泥、电力、钢铁等传统行业的绿色化转型，树立承担社会责任、保护环境的良好形象，实现企业与城市和谐共存。

近年来，我国一些水泥企业开展了利用水泥窑协同处理工业废物、污水处理厂污泥、污染土壤和危险废物的实践，同时开展了水泥窑协同处理生活垃圾和垃圾焚烧飞灰的探索；部分钢铁企业开发了利用铬渣等废物制作自熔性烧结矿冶炼含铬生铁工艺；一些电厂开展了协同处理污水处理厂污泥的工程实践。目前我国利用生产过程协同资源化处理废弃物面临的突出问题是：产业发展处于起步阶段，处理工艺和关键技术不成熟，企业运行管理经验不足，废弃物特性有待明确，缺乏针对性排放标准、污染控制标准、产品质量控制标准等风险控制相关标准和完善的控制措施，管理体制不够健全，缺乏政策激励。

（二）政策主要内容

《意见》明确提出，水泥、电力、钢铁为废弃物协同处理的重点领域。

针对水泥行业的要求是，推进利用现有水泥窑协同处理危险废物、污水处理厂污泥、垃圾焚烧飞灰等，利用现有水泥窑协同处理生活垃圾的项目开展试点。

加强示范引导和试点研究，加大支持投入，消除市场和制度瓶颈，扩大可利用废弃物范围，制定有针对性的污染控制标准，规范环境安全保障措施。

针对电力行业的要求是，推进现有火电厂协同资源化处理污水处理厂污泥，开发应用污泥干化、储运和电站锅炉煤炭与干化污泥或垃圾衍生燃料高效环保混烧等的成套技术和工艺，鼓励电力企业加大资源化利用污泥的升级改造力度。

针对钢铁行业的要求是，推进钢铁企业消纳铬渣等危险废物，突破这类废弃物消纳利用的技术途径，规范环境安全措施。

《意见》提出四项工作重点，一是统筹规划布局。鼓励具备资源化处理条件的企业积极参与协同资源化处理废弃物。二是开展试点示范。选择基础条件好的企业开展试点示范工程，以点带面。三是完善相关标准。制定完善相关预处理、污染控制标准，以及产品标准中补充健康和性能有害成分的限值。四是突破关键技术。开展技术攻关，将关键技术问题纳入科技计划的重点方向。五是规范行业准入。对协同处理危险废物和协同资源化处理生活垃圾的企业提出了明确要求。六是完善环保措施。形成完善的污染综合防控体系，注重废弃物运输、贮存、预处理和混烧过程的污染控制。七是提高安全防范等级。提高操作人员的安全生产素质，严防事故发生，杜绝二次污染。

（三）政策影响

此次《意见》的出台，将会极大地促进我国废弃物协同处置产业的健康快速发展，对利用水泥窑协同处置城市生活垃圾和固体废弃物具有极大的促进作用，在化解水泥产能过剩矛盾、建立健全固废协同处置的技术规范和标准体系，保障处理过程中的环境安全，完善固体废弃物的交易市场和监管体系等方面具有重要意义，也将逐步形成适合我国国情的固体废弃物处理运行机制和管理模式。

二、《铜冶炼行业规范条件》

（一）政策背景

从我国目前铜冶炼行业来看，虽然在提升资源综合利用率、提高节能环保水平、加强行业管理方面取得了积极进展，但也存在一些问题。如铜冶炼行业整体产出水平较低、中小企业偏多、产业集中度较低等。据统计，2013 年产量在 10 万吨以上的铜冶炼企业尚不足 15 家，而大部分铜冶炼企业产量均在 10 万吨以下，中小企业偏多，产业集中度较低，其次资源配置不均衡的现象也较为明显，目前国内一些铜资源仍然落在一些生产能力较为落后的企业手中，而一些条件充分、高效利用的产能却因原料供应问题而被闲置，资源未能得到充分、高效地利用。为加快铜工业结构调整，建立统一开放、竞争有序的市场体系，规范企业生产经营秩序，促进行业持续健康协调发展，工业和信息化部将《铜行业准入条件（2006年）》修订为《铜冶炼行业规范条件》（以下简称《规范条件》）。

（二）政策主要内容

《规范条件》就企业布局、生产规模、质量、工艺和装备、能源消耗、资源综合利用、环境保护、安全生产与职业病防治、规范管理等方面提出了具体要求。

生产规模方面，《规范条件》明确要求，新建和改造利用铜精矿和含铜二次资源的铜冶炼企业，冶炼能力须在10万吨/年及以上。鼓励大中型骨干铜冶炼企业同时处理铜精矿及含铜二次资源。现有利用含铜二次资源为原料的铜冶炼企业生产规模不得低于5万吨/年。铜冶炼项目的最低资本金比例必须达到20%。

能耗方面，《规范条件》要求，新建利用铜精矿的铜冶炼企业粗铜冶炼工艺综合能耗在180千克标准煤/吨及以下，电解工序（含电解液净化）综合能耗在100千克标准煤/吨及以下。现有铜冶炼企业粗铜冶炼工艺综合能耗在300千克标准煤/吨及以下。新建利用含铜二次资源的铜冶炼企业阴极铜精炼工艺综合能耗在360千克标准煤/吨及以下，其中阳极铜工艺综合能耗在290千克标准煤/吨及以下。现有利用含铜二次资源的铜冶炼企业阴极铜精炼工艺综合能耗在430千克标准煤/吨及以下，其中阳极铜工艺综合能耗在360千克标准煤/吨及以下。

资源综合利用方面，《规范条件》要求，新建铜冶炼企业占地面积应低于4平方米/吨铜，水循环利用率应达到97.5%以上，吨铜新水消耗应在20吨以下，铜冶炼硫的总捕集率须达到99%以上，硫的回收率须达到97.5%以上，铜冶炼含重金属废水必须达标排放，排水量必须达到国家相关标准的规定。现有企业水循环利用率应达到97%以上，吨铜新水消耗应在20吨以下，铜冶炼硫的总捕集率须达到98.5%以上，硫的回收率须达到97%以上。新建含铜二次资源冶炼企业的水循环利用率应达到95%以上，现有含铜二次资源冶炼企业的水循环利用率应达到90%以上。鼓励铜冶炼企业建设伴生稀贵金属综合回收利用装置。

（三）政策影响

《规范条件》的出台，提高了铜冶炼准入及环保门槛，这将有利于遏制低水平重复建设，加速淘汰落后产能，促进铜冶炼行业加快整合。

热 点 篇

第二十三章　石化行业

第一节 《石化产业规划布局方案》获国务院同意

一、发生背景

一方面，国内石化产业原料供应不足、产能过剩；另一方面，国外石化资源低价竞争，对我国石化行业两面夹击，石化行业亟须转型升级。

二、事件内容

《石化产业规划布局方案》(以下简称《方案》)主要内容包括：抓好现有优势企业挖掘改造，提升产业效益；加快能源进口通道配套石化工程建设，充分发挥能源战略通道作用；优化提升石化产业基地，推动产业集聚高效发展；稳步开展现代煤化工升级示范，提高原料多元化水平。其中，在推进现代煤化工升级示范方面，《方案》要求：有序开展煤制烯烃、煤制芳烃等现代煤化工升级示范，重点在工程化、生态环保、资源利用等方面取得突破，探索清洁高效的现代煤化工发展新途径。推动中天合创鄂尔多斯、陕西榆神神化、中煤集团陕西榆、甘肃华鸿汇金等煤制烯烃项目升级示范，以及华电集团陕西榆横等煤制芳烃产业化示范，加强规划引导，研究产业布局，有序发展现代煤化工。

三、事件影响

该方案对今后一个时期石化产业规划布局进行了部署，必须严格执行。对未经批准擅自调整项目建设内容和实施工期的企业，停止受理其同类项目申请。坚决制止企业盲目签订合作协议、扰乱产业布局，推进产业布局科学合理规划。

第二节　中国乙烯装置产量突破百万吨

一、发生背景

中国乙烯工业发展迅速，基本每隔5年就上一个台阶，产能从2005年的785.9万吨迅猛跃升至2014年的1800万吨左右。

二、事件内容

2011年8月，福建联合石化启动炼油乙烯一体化“脱瓶颈”改造项目，计划将年炼油能力由1200万吨提升至1400万吨，乙烯年生产能力由80万吨提升至110万吨。经过三年多的建设，2014年“脱瓶颈”改造项目已顺利竣工投产，其中乙烯装置稳定运行，达到扩产后的产能、技术指标要求，并突破了具有指标意义的100万吨产量关口。

三、事件影响

我国共有27家乙烯生产企业、35套生产装置，装置平均规模约52.4万吨/年，与世界52万吨/年的平均规模基本持平。而联合石化乙烯一体化项目的设计产能达110万吨，2014年实际产量102万吨，占国内总产量近6%，极大保障了本地下游优势制造产业的原料供应，而且远远超过国内以及世界的装置平均规模。

第三节　对二甲苯行业准入条件将明确

一、发生背景

对二甲苯(PX)是一种重要的芳烃产品，是生产涤纶纤维、聚酯容器的重要原料。国内对二甲苯需求量巨大，但产能严重不足，对外依存度从2011年的44%上升到2013年的55.2%。同时，进口价格不断上升。

二、事件内容

工信部制定《对二甲苯项目建设准入条件》(征求意见稿)，文件要求：新建、改扩建对二甲苯项目应符合国家产业政策和《石化产业规划布局方案》等发展规

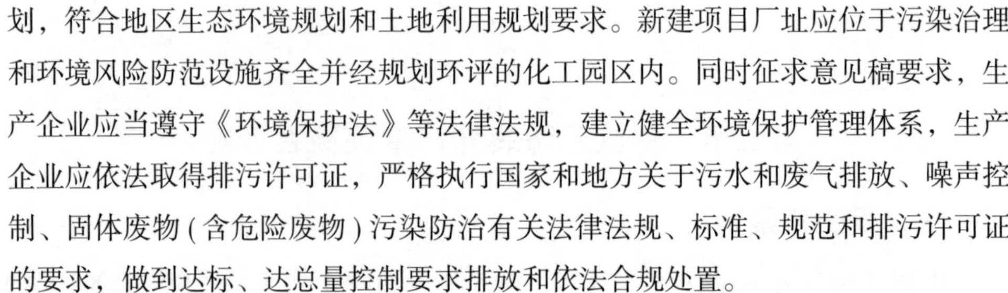

划，符合地区生态环境规划和土地利用规划要求。新建项目厂址应位于污染治理和环境风险防范设施齐全并经规划环评的化工园区内。同时征求意见稿要求，生产企业应当遵守《环境保护法》等法律法规，建立健全环境保护管理体系，生产企业应依法取得排污许可证，严格执行国家和地方关于污水和废气排放、噪声控制、固体废物（含危险废物）污染防治有关法律法规、标准、规范和排污许可证的要求，做到达标、达总量控制要求排放和依法合规处置。

三、事件影响

PX作为普通低毒类化学品，一方面得到一些地方政府的推崇，另一方面又让一些民众担忧。很长一段时间，二甲苯项目是社会关注和争议的热点。随着行业准入条件的明确，二甲苯项目建设中的环保争议将有明确的标准，对二甲苯行业发展有积极的意义。

第四节　煤化工项目踢出《西部地区鼓励类产业目录》

一、发生背景

经十余年发展，中国已成为全球最大的煤化工国家。因为煤化工过热发展和用水过量，对于西部地区来说，很多煤化工项目因缺水而被迫停工。

二、事件内容

2014年，国家发改委对外公布《西部地区鼓励类产业目录》，取消新疆、内蒙古、宁夏、陕西、甘肃、青海、贵州和云南的煤制烯烃和煤制甲醇项目。根据国家财税政策，相关企业的企业所得税优惠也取消。

三、事件影响

西部煤炭资源丰富，对煤化工产业发展有极高的热情，但西部地区水资源匮乏、环境脆弱，综合条件不适宜大规模发展煤化工产业。国家将煤化工项目踢出《西部地区鼓励类产业目录》，表明国家对在西部地区发展煤化工的态度发生了根本转变，更加重视和强调煤化工产品结构调整和产业升级。

第五节　国产生物航空煤油获得适航批准

一、发生背景

作为可再生资源，生物航煤很好地降低二氧化碳排放。欧美国家 2008 年开始生物喷气燃料的示范应用，2011 年开始进行生物喷气燃料的商业应用。

二、事件内容

经过中国民用航空局航空器适航审定司批准，中国石化获得 1 号生物航煤技术标准规定项目批准书（CTSOA）。这标志着国产生物航煤正式获得适航批准，商业使用在即。下一阶段，民航局还将完善适航审定体系和生物航煤适航验证平台，研究多种技术发展路线，保证原材料供应，并逐步降低使用成本，推动生物航煤的商业使用。

三、事件影响

本次审定标志着中国生物航煤实现了突破，中国石化成为国内首家拥有自主生物航煤生产技术和批量生产能力的企业，也成为世界上少数具有生物航煤自主研发生产技术的企业。

第二十四章　钢铁行业

第一节　热轧卷板期货在上海期货交易所上市

一、发生背景

热连轧钢板产品强度高、韧性好，而且易于加工成型，具有良好的可焊接性，被广泛应用于船舶、汽车、桥梁、建筑、机械、压力容器等制造领域，市场交投活跃。

二、事件内容

热轧卷板是我国钢材品种中产能最大的品种。2014 年 1 月中国证监会公告同意上海期货交易所开展热轧卷板期货交易，上海期货交易所对外公布热轧卷板期货合约及相关规则草案，并听取了市场各方的意见。2014 年 3 月，中国证监会批复同意上海期货交易所上市热轧卷板期货合约，上海期货交易所将热轧卷板期货标准合约及相关实施细则公布，并于 3 月 21 日挂牌交易。

三、事件影响

热轧卷板大量应用于一般工程结构、汽车、桥梁、船舶等制造业。热轧卷板期货推出，实现了钢铁企业的避险需求，也为投资者提供了更多的投资渠道。

第二节　钢材出口量增长创历史新高

一、发生背景

2014 年，国际经济回暖，带动国际钢材需求增长。而我国经济增速放缓，国内钢材需求增长乏力，同时粗钢产量再创历史新高，国内钢材市场供需矛盾突出。特别是近几年我国钢材质量不断提升，以及国家出口鼓励政策的实施，为中国钢材出口赢得了部分国际市场。

二、事件内容

国家统计局发布的数据显示，2014 年我国钢材 1—11 月出口总量高达 8361.23 万吨，同比增长 46.78%。海关数据显示，2014 年 12 月我国出口钢材 1017 万吨，创历史新高，全年钢材出口突破 9000 万吨。

三、事件影响

钢材出口增长将有助于化解国内钢材市场供需矛盾，缓解国内产能过剩压力，但同时也要看到出口钢材中大部分为附加值低的产品，以价格取胜的竞争优势难以为继，而且容易导致贸易摩擦。

第三节　钢铁销售渠道将向电商方向转变

一、发生背景

我国钢铁行业供需失衡，产能严重过剩，钢铁行业需要电子商务以帮助其丰富市场渠道。

二、事件内容

当前开展钢材大宗商品电子商务业务企业有 100 多家，有宝钢、首钢、邯钢、马钢、沙钢、武钢、华菱钢铁等钢铁生产企业建立的企业级钢铁电子商务，也有钢银电商（上海钢联旗下）、欧浦钢网、五矿发展、物产中拓、西本新干线、找钢网、兰格钢铁、钢之家等由钢贸企业或 IT 企业建立的行业级钢铁电子商务，这将成为钢铁销售渠道新的发展方向。

三、事件影响

钢铁业的电子商务是当前国内所有工业电子商务领域中发展最快的，但盈利模式不清晰，预计未来几年将会出现残酷的竞争洗牌局面。

第四节　冶金渣综合处理利用取得突破

一、发生背景

我国钢铁企业钢渣利用水平低，每年钢渣产生量1亿吨左右，钢渣累积堆存近10亿吨，综合利用率仅10%左右。

二、事件内容

鞍钢集团自创的钢渣微粉项目投产成功，取得钢渣粉应用的重大突破，走出了一条国内冶金渣处理的自主创新道路，是钢铁业循环经济和绿色发展的新方向。钢渣主要矿物组成和化学成分与传统建筑材料、陶瓷原料近似，可用于水泥、混凝土、道路等建材领域。

三、事件影响

随着生态文明建设要求的提高，高耗能高污染的钢铁行业需要进一步提高冶金固废综合利用水平。国内钢铁企业通过对钢渣进行深加工，与下游建材行业联合解决钢渣堆弃造成的金属浪费、环境污染和土地占用等问题，从而变废为宝，成为钢铁企业转变生产方式、合理利用资源、提高经济效益的重要手段。

第五节　钢铁聚焦智能制造

一、发生背景

2014年，钢铁行业销售利润率只有0.74%，是效益最低的工业行业，行业利润微乎其微，钢铁行业质量提升和品牌建设非常必要和紧迫。

二、事件内容

根据《原材料工业两化深度融合推进计划（2015—2018年）》（工信部原〔2015〕25号）总体安排，2015年工业和信息化部将着力推进钢铁行业两化融合，开展智能工厂应用示范，推动并制修订一批两化融合标准，支持大型钢铁企业自有电子商务平台向行业开放平台转化，推动汽车板、造船板等个性化订单加工配送。钢铁企业规模大、流程长，通过研发生产组织优化系统，研制虚拟制造和离散事件仿真平台，进而实现人机互动的自适应优化，缩短订单排产时间，大幅提升计划系统效率和生产适应能力。

三、事件影响

提高冶金装备智能化与再制造水平，适应大规模生产向规模化定制转变，是实现“制造强国”战略的重要路径。

第二十五章　有色金属行业

第一节　铝合金表面防护技术研究工作获得突破性进展

一、发生背景

铝合金密度小、强度高、导电导热性能优良、塑性和成型性好、易加工，被广泛应用于航空航天、军工、建筑、汽车、船舶等领域中。然而铝合金的硬度偏低，耐磨性差，耐腐蚀性较差，限制了其应用。

二、事件内容

中国科学院宁波材料技术与工程研究所乌学东研究团队通过化学刻蚀和化学修饰结合，在铝合金表面成功制备了具有优异防护性能的薄膜，使得铝合金表面摩擦学性能得到了极大的提高。

三、事件影响

该成果有很好的防腐耐磨效果，且工艺简单、重复性好、成本低廉，对基底材料的形状没有限制，适用于铝合金的大面积表面处理，有很好的应用前景。

第二节　金龙集团精密铜管项目在美投产

一、发生背景

美国对中国生产的精密铜管征收反倾销税，对中国企业出口影响严重。与此同时，很多由中国精密铜管供货的美国生产商，也受到很大影响。

二、事件内容

金龙精密铜管集团股份有限公司产品大量出口美国。该公司针对美国对中国产精密铜管征收反倾销税，2009 年年初开始寻求在美国本土建厂，以确保集团在美国的市场份额。通过对美国各州优惠政策比较和研究，最后选择阿拉巴马州维尔科特斯县的工业园区，投资年产 6 万吨精密铜管项目。

三、事件影响

金龙集团在美投资建厂，不仅打破了美国精密铜管"倾销"指控的贸易壁垒，还推动中国铜管加工行业向国际化迈进。随着美中两国的投资合作日益拓展，本土有色金属企业将走出国门，与国际市场对接。在这一方面，金龙集团案例起到了很好的示范作用。

第三节　工信部发布铜冶炼行业规范条件

一、发生背景

随着铜工业结构调整和产业升级，需要加强铜冶炼行业管理，遏制低水平重复建设，规范现有铜冶炼企业生产经营秩序，提升资源综合利用率和节能环保水平。

二、事件内容

2014 年，工信部发布了新版的《铜冶炼行业规范条件》(以下简称《规范条件》)，规范条件指出，新建和改造利用铜精矿和含铜二次资源的铜冶炼企业，冶炼能力须在 10 万吨 / 年及以上。鼓励大中型骨干铜冶炼企业同时处理铜精矿及含铜二次资源。现有利用含铜二次资源为原料的铜冶炼企业生产规模不得低于 5 万吨 / 年。铜冶炼项目的最低资本金比例必须达到 20%。另外，规范条件还对相关企业的能源消耗、资源综合利用、环境保护等方面提出了要求。规范条件提出，新建及改造项目要同步建设配套在线污染物监测设施，并与当地环保部门联网，现有企业应在 2014 年前完成改造。铜冶炼企业最终废弃渣必须进行无害化处理。

三、事件影响

随着《规范条件》的出台，进一步提高铜冶炼准入及环保门槛，这将有利于遏制低水平重复建设，加速淘汰落后产能，促进铜冶炼行业加快整合。

第四节　国内首台镁合金专用轧制设备研制成功

一、发生背景

镁合金具有密度低、易回收、减震降噪性能好、电磁波干扰防护性强等特点，镁合金板材能广泛应用于汽车、3C、航空航天等领域，但镁合金塑性较差，板带材加工成本高，极大限制了镁合金的应用。

二、事件内容

重庆市科学技术研究院（以下简称重庆科学院）成功开发国内首台镁合金专用轧制设备，该设备能有效提升镁合金板与轧辊接触时的温度稳定性，圆满解决镁合金板轧制开裂、轧制后织构变差等国际性技术难题。同时，结合该设备开发出轧制润滑、灭火、在线加热系统等多项新技术，建成了完整的镁合金板带中试生产线。

三、事件影响

镁合金专用轧制设备研制及产业化转化成功，将形成镁合金板带批量生产能力，如使用到电脑笔记本、汽车轻量化零件等产业，将产生可观的经济和社会效益，带动镁工业的发展。

第五节　国产超高纯钛研发投产成功

一、发生背景

低氧超高纯钛主要应用在半导体用溅射靶材、航空航天、海洋石油等核心工业领域。受到提纯工艺技术限制，全世界只有美国和日本能够生产超高纯钛，并严格限制对中国的出口。

二、事件内容

2014年，宁波创润新材料有限公司通过熔盐电解工艺，将纯度为99.8%的海绵钛提纯至99.999%的钛晶体，再通过真空电子束熔炼设备，将晶体铸造成高纯度钛材，工艺线路和相关设备自主设计，拥有完整的知识产权。

三、事件影响

国产超高纯钛研发投产成功，有助于我国摆脱对国外产品的依赖，并降低成本，为我国航空航天业的发展创造更好的条件。同时，超高纯钛的自主生产也标志着我国向钛工业强国迈进了一步，将带动我国钛工业向高端转型升级。

第二十六章　建材行业

第一节　建材企业“一带一路”拓新路

一、发生背景

2014年，国家主席习近平在APEC会议上提出加强互联互通、深化“一带一路”合作。中国将成立丝路基金，为“一带一路”沿线国基础设施建设、资源开发、产业合作等有关项目提供投融资支持。

二、事件内容

在“一带一路”大战略背景下，建材企业走出国门，扩大对外投资。华新水泥计划在塔吉克斯坦投资2.5亿美元，建设两条水泥生产线项目；海螺水泥计划在印尼投资建厂；上峰水泥计划在吉尔吉斯斯坦投资建设水泥项目。

三、事件影响

在国内房地产等传统需求低迷的背景下，通过“一带一路”，以资本输出带动产能输出，开辟新的出口市场，是消化建材行业过剩产能的又一途径。

第二节　水泥窑协同处置蓄势发展

一、发生背景

水泥窑协同处置是目前世界公认最安全、最有效的废弃物处置方式，但相比日本、欧美等国家或地区，我国的废弃物协同处置产业仍存在政策体系不完善、技术创新能力不足、认识不到位等一系列亟须解决的问题。

二、事件内容

2014 年 5 月，国家发改委、科技部、工信部、财政部、环保部、住建部、能源局七部委发布《关于促进生产过程协同资源化处理城市及产业废弃物工作的意见》，推进利用现有水泥窑协同处理危险废物、污水处理厂污泥、垃圾焚烧飞灰等工作。

三、事件影响

随着《国务院关于化解产能严重过剩矛盾的指导意见》和《关于促进生产过程协同资源化处理城市及产业废弃物工作的意见》等相关政策的不断出台，利用水泥窑协同处置废弃物已上升为国家战略，未来发展潜力非常可观。

第三节　取消 32.5 低标号复合硅酸盐水泥

一、发生背景

我国低标号水泥较多，而在先进国家，水泥行业往往呈现两头小、中间大的格局。根据发展现状，我国需要缩减低标号水泥比重，增加中等和高标号水泥比重。

二、事件内容

2014 年 12 月，国家标准化管理委员会发布 GB175-2007《通用硅酸盐水泥》国家标准第 2 号修改单的公告，修改单主要内容是取消 32.5 复合硅酸盐水泥，并于 2015 年 12 月 1 日起正式实施。

三、事件影响

取消 32.5 复合水泥后，相关生产企业获得政策补贴将会相应减少，这将大大减弱无熟料粉磨站企业的市场竞争力。水泥标准的提升，有利于改善水泥行业竞争格局和产业结构。

第四节　工信部规范平板玻璃准入条件

一、发生背景

为贯彻落实《国务院关于化解产能严重过剩矛盾的指导意见》，强化环保、能耗、技术等标准约束，更好地发挥行业准入条件在调整产业结构、化解产能过剩、转变发展方式中的作用，工信部近日组织修订了《平板玻璃行业准入条件（2014年本）》(征求意见稿)(以下简称《准入条件》)。

二、事件内容

《准入条件》对新增产能提出了严格要求，新建、扩建平板玻璃项目应当坚持等量或减量置换；同时，要配套建设处理能力不低于自产玻璃原片(工业玻璃项目除外)50%的玻璃深加工项目；限制新建普通浮法玻璃生产线，不得以发展工业玻璃或在线镀膜玻璃的名义变相新增普通浮法玻璃生产能力。为支持平板玻璃企业创新发展，《准入条件》明确提出，新建平板玻璃项目原则上要进入特色产业园区，支持平板玻璃企业"退城入园"，延伸产业链，开展精深加工。同时，支持现有普通浮法玻璃生产企业转产工业玻璃、在线镀膜玻璃，发展玻璃深加工。

三、事件影响

自2006年，国家多个部委多次发文针对玻璃行业的产能过剩问题，但效果有限，严重影响该行业的化解产能过剩工作。工信部发布平板玻璃准入条件将有助于遏制平板玻璃行业新增产能，实现2017年前严禁新增产能的目标。

第五节　《国家新型城镇化规划》推进绿色建材发展

一、发生背景

中共中央、国务院印发了《国家新型城镇化规划(2014—2020年)》(以下简称《规划》)，努力走出一条以人为本、四化同步、优化布局、生态文明、文化传承的中国特色新型城镇化道路。

二、事件内容

《国家新型城镇化规划(2014—2020年)》在“加快绿色城市建设”一节中提及：要求实施绿色建筑行动计划，完善绿色建筑标准及认证体系，扩大强制执行范围，加快既有建筑节能改造，大力发展绿色建材，强力推进建筑工业。

三、事件影响

《国家新型城镇化规划》明确发展绿色建材是国家今后的政策导向。绿色建材目前正在靠激励性的手段推动，今后将会通过强制性手段推进。

第二十七章　稀土行业

第一节　稀土永磁产业技术升级与集成创新项目获国家科技进步二等奖

一、发生背景

稀土永磁材料广泛应用于机械、电子、仪表、医疗等领域，我国稀土永磁材料产量已超占全球的80%，是全球最大生产基地，然而我国稀土永磁材料产业面临高端技术创新不足、低端产品过剩等问题。

二、事件内容

2014年，中国钢研科技集团有限公司、北京中科三环高技术股份有限公司等五家单位联合完成的“稀土永磁产业技术升级与集成创新”项目获得2014年国家科技进步奖二等奖。该成果在国家重大“863”项目、国家重点自然科学基金、部委及省市级科技计划等科研和技术工程项目的支持下，针对稀土永磁产业的总体水平和影响其长远发展的技术瓶颈，在磁体综合性能的提高、特殊性能的强化、应用领域的扩展等方面，主要形成了“稀土永磁的组织调控技术”、“低成本双主相Ce永磁体制备技术”和“热压/热流变磁体制备技术”等5项核心技术创新，取得了多项国际先进和领先的技术成果。该成果已成功应用于“神舟”飞船、“天宫一号”等国家重点工程，及新能源汽车、核电、风电等高技术领域。

三、事件影响

稀土永磁产业技术升级与集成创新项目主要针对新兴产业对稀土永磁材料需

求，解决了特种金属永磁生产和应用的技术难题，促进了我国稀土深加工行业的发展。

第二节　WTO败诉中国稀土出口配额制度终结

一、发生背景

稀土在制导、卫星、探测、通信、激光等以军事为先导的高精技术领域大量使用，中国稀土资源承担了世界绝大部分的市场供应。美国等国拥有丰富稀土资源，却长期不开采，而大量进口中国稀土。为维护稀土资源的可持续发展，我国对稀土都实行出口配额制。然而，对于稀土出口配额制度，国际上一直是纷争不断。

二、事件内容

2014年3月，世贸组织公布“美国、欧盟、日本诉中国稀土、钨、钼相关产品出口管理措施案”的专家组报告，认为我国对稀土等产品实施出口税和出口配额限制违反WTO框架规定。为履行中国政府加入WTO时的承诺，2014年12月，中国商务部宣布，正式取消稀土出口配额制度，企业只需凭出口合同即可申领出口许可证。

三、事件影响

虽然中国稀土出口配额制度终结，但国内6家大型稀土集团相关整合工作也迈入快速通道，今后稀土产业从生产、销售、流通到出口都将更加规范有序，同时国家相关部门对稀土“打黑”专项行动和稀土收储措施，在一定程度上抵消了出口配额取消和出口关税调整的负面影响。

第三节　国家稀土产业补助资金管理办法出台

一、发生背景

为了规范稀土产业补助资金管理，促进产业健康有序发展，财政部、工信部制定并发布了《国家物联网发展及稀土产业补助资金管理办法》(以下简称《办法》)。

二、事件内容

2014 年，财政部、工信部制定并发布了《国家物联网发展及稀土产业补助资金管理办法》(以下简称《办法》),《办法》规定：对已通过国家环保核查的稀土采选、冶炼企业，根据工业和信息化部稀土企业准入公告核定的企业产能予以一次性奖励，奖励标准：矿山采选 1000 元 / 吨（按稀土氧化物 REO 计）、冶炼分离 1500 元 / 吨（按稀土氧化物 REO 计）、金属冶炼 500 元 / 吨。对稀土共性关键技术与标准研发及高端应用技术研发项目,采取无偿资助方式。无偿资助额度，一般不超过项目研发费用的 40%。对稀土高端应用技术产业化项目，采取无偿资助方式，无偿资助额度，一般不超过预算年度上一年企业投资额的 20%。对公共技术服务平台建设项目，采取无偿资助方式，无偿资助额度一般不超过预算年度上一年企业投资额的 40%。

三、事件影响

《办法》的出台，是通过政府购买服务等方式对补助资金分配使用，对项目实施及效果等进行评价，将绩效评价结果作为以后年度补助资金预算安排的重要依据，这将有利于国家集中资金支持稀土产业发展。

展 望 篇

第二十八章　主要研究机构预测性观点综述

第一节　石化行业

一、中国石油和化工行业联合会

2014 年，我国石化行业达到了稳中有进的总体目标，实现主营收入 11.57 万亿元，利润总额 6682 亿元。2015 年，石化行业将继续平稳运行，经济效益与营业收入将实现同步增长。预计 2015 年，石化行业主营收入将达 15.2 万亿元左右，增幅约为 7%，出口总额约为 2100 亿美元，同比增长 8%，利润总额约为 8800 亿元，同比增长 6%。其中化学工业主营收入约为 9.5 万亿元，同比增长 8%，利润总额约为 4700 亿元，同比增长 7%。

2015 年石化行业将大力开拓市场，优化供给结构，努力满足战略性新兴产业发展的新需求，加快工程塑料、聚氨酯材料、氟硅材料、热塑性弹性体、功能性膜材料、新型涂料、电子化学品、特种橡胶等差异化、高端化产品市场的培育，推进全行业转型升级。不断推进创新驱动、强化管理、节能减排、建设预警信息平台等重点工作，加快建设一批行业关键技术创新平台和高水平产业技术创新战略联盟，建立长期稳定的产学研合作。

二、民族证券

近些年来，受到经济增长速度逐步减缓，以及化工行业产能过剩加重的双重影响，化工行业新项目的投资回报率降低，2014 年行业的固定资产投资增速出现下滑，表明行业在逐步进行去产能化，有利于个别细分行业市场好转。2015 年化工行业的运行情况有望好转，化工行业产能严重过剩的局面将有所缓解，盈利指标将有所改善。

同时，2015 年将陆续出台一些有利于化解产能过剩的政策。新《环保法》的实施将迫使部分污染环境的落后产能主动退出，进而改善市场供需关系。国家还将加大市场宏观调节力度，对部分产业简政放权，改善一些地方政府乱上项目的现象。此外，产业内创新成果的陆续应用、部分产品出口退税率提高等积极影响，也将推动 2015 年石化行业化解过剩产能。

基于前期投资的后续释放，石化行业 2015 年的产能过剩压力依然很大，行业去产能化进程受到市场波动的直接影响，行业发展依然存在很多挑战和不确定因素。

第二节　钢铁行业

一、中国钢铁工业协会

2015 年中国经济将放缓进入新常态，但增量绝对数依然可观、非常巨大，经济增量更加平稳，增长的体力有变化、有调整，经济结构优化升级，发展更加稳定。新常态下，下游用钢产业将加快转型升级，制造业、建筑业的转型升级会逐渐助推钢铁产业升级，钢铁市场需求结构将发生巨大变化，要求钢铁行业生产出质量更优产品。2015 年钢铁钢材市场的需求和钢铁行业状况可能会有以下特征：

一是钢铁产品需求总量继续保持基本稳定。在下游制造业呈现多元化格局的基础上，钢铁产业的需求总量基本稳定将是今后一段时期的常态，幅度、峰值的平台上下波动不会很大，不超过 3%，但产品质量将呈现提升的态势，对钢材等各品种高质量、高性能的要求将推动产业的升级。

二是化解产能过剩。为促进市场公平竞争，国家积极推进财税、金融改革，陆续出台各项政策，其中包括对钢铁产业的修订。此外，新的环保法和环保标准将与这些改革政策共同推动部分落后钢铁产能的淘汰，抑制钢铁产业产能的释放，同时倒逼产业的调整和升级。

三是市场配制资源作用将逐步显现，从形态上看钢铁企业分化将局促，在新常态下，有的企业提升，有的企业不适应，部分企业将退出。

四是钢铁行业盈利水平将有所改观。钢铁行业 2014 年实现利润 300 亿左右，但利润率较低，2015 年的效率会在 2014 年的基础上有所提升，但由于市场供求关系没有根本改变，低效益态势将持续。

五是随着技术和管理模式的创新，以及信息化和工业化的融合，企业将向中高端迈进。由于市场要素日益完善，信息更加透明和公开，制造型企业和贸易型企业都更加关注市场要素的变化，技术的创新、管理的创新、商业模式的创新都将推动一批亮点企业的涌现。

二、冶金规划院

（一）下游行业发展及钢材需求预测

2014 年，我国经济增长速度放缓，出口增速下降，机械、汽车、建筑等钢铁下游行业发展受阻，我国钢材消费量受其影响增幅明显下降。2015 年，各下游行业随国内外经济环境好转将有不同程度的增长，钢材需求量将随之小幅增加。

建筑行业：建筑行业 2014 年钢材消费量 3.9 亿吨，同比增长 2.4%。预计 2015 年建筑行业钢材需求量仍将小幅上涨，达到 3.95 亿吨，同比增长 1.28%。

机械行业：机械工业 2014 年钢材消费量 1.4 亿吨，同比增长 5.3%。预计 2015 年，机械工业钢材需求量将增长 3%，达 1.44 亿吨。

能源行业：能源行业 2014 年钢材消费量为 3200 万吨，同比增长 3.2%。预计 2015 年主要能源行业钢材需求量 3300 万吨，同比增长 3.1%。

汽车行业：汽车行业 2014 年消耗钢材 5000 万吨，同比增长 5.9%。预计 2015 年，汽车行业钢材需求量将同比增长 5%，达 5250 万吨。

造船行业：造船行业 2014 年钢材消费量 1300 万吨，同比增长 4%。预计 2015 年，造船行业钢材需求量为 1350 万吨，同比增长 3.8%。

家电行业：家电行业 2014 年钢材消费量约 1050 万吨，同比增长 5%。预计 2015 年，家电用钢需求量将小幅上涨，达 1100 万吨，同比增长 4.8%。

铁道行业：全国铁道行业 2014 年钢材消费量约为 520 万吨，同比增长 10.8%。预计 2015 年，铁道行业钢材需求量约 540 万吨，同比增长 3.8%。

集装箱行业：我国集装箱行业 2014 年消费钢材 570 万吨。预计 2015 年，集装箱产量与 2014 年持平，钢材需求量仍为 570 万吨。

综上所述，2014 年我国钢材消费量达 7.15 亿吨，预计 2015 年，我国钢材需求量约为 7.29 亿吨。

（二）粗钢和生铁产量预测

2014年我国粗钢产量同比增长5.26%，达8.20亿吨，生铁产量同比增长1.56%，达7.20亿吨。根据我国钢材消费量和净出口量分析，预计2015年我国粗钢产量将同比增长1.7%，达到8.34亿吨，生铁产量同比增长1.67%，达到7.32亿吨。

（三）钢铁原材料需求预测

2014年，我国铁矿石消费量为11.38亿吨，同比增长1.6%，进口铁矿石9.4亿吨，同比增长14.7%，对外依存度达到77.5%；我国焦炭产量约为4.76亿吨，与2013年相比基本持平，其中钢铁行业消耗焦炭量4.0亿吨；我国焦化行业消耗炼焦洗精煤约5.84亿吨，其中钢铁行业消耗约5.26亿吨；我国炼焦煤进口量同比下降17.8%，约为6200万吨，出口量同比下降27.9%，约为80万吨。

预计2015年我国铁矿石（成品矿，折品位TFe：62%）需求量将达到11.57亿吨，同比增长1.67%，其中进口量约为9.8亿吨，同比增长3.7%；我国焦炭产量将同比增长1.47%，达到4.83亿吨，其中钢铁行业消费增长1.25%，达4.05亿吨；我国焦化行业消耗炼焦洗精煤约5.93亿吨，其中钢铁行业消耗约5.33亿吨；进口炼焦煤量将下降3.2%，约为6000万吨，出口炼焦煤也将下降12.5%，约为70万吨。

第三节　有色金属行业

一、中商情报网

（一）有色金属基本面仍将分化

就铜而言，预计2015年，全球矿山的产能增长在250万吨左右，2014年的实际产能利用率低于预期，而这种情况在2015年将会持续，即使有大量产能投产，但受到成本及其他因素影响，产能利用率未必会保持高位；就铝而言，2015年全球铝新增产能预计接近500万吨，其中北美地区增产数量较大，而中国新增产能预计仍将超过250万吨，且将主要分布在上下游配套设施齐全、具有较大成本优势、对铝价下行的抗压能力较强、产业链利润分布均匀的西部地区；就锌而言，精矿供应在2015年仍将相对紧张，且在2015年下半年出现的概率更高，作为全球最大的精炼锌生产国，中国产能扩张量将达到46万吨，但相对于下游需求增长而言仍较为不足。

（二）消费与需求

我国铜消费仍将主要依赖电力行业，电网投资虽然将会保持平稳增长，但综合考虑电网需求的话，不确定性很大，可能会发生较大变化。铝方面，地产方面的因素限制了建筑型材的需求，但制造业拉动的工业型材仍在快速发展，尤其是铝合金的工业需求大幅度增加，2015 年，国际市场铝现货的表现仍将比我国更强。锌方面，全球范围内乘用车数据的不断走好，对锌的需求有良好支撑，随着铁矿石等发运量的上升，也将在船板等方面获得需求支持。

二、有色协会

2015 年是推进依法治国的开局之年、全面深化改革的关键之年、稳增长调结构的紧要之年，有色金属行业面临的压力依然在增大，国际上世界经济复苏仍然较慢，国内下行压力加大、经济发展阶段转换的特征将更加明显，行业面临着突出的“双挤压、三约束”局面（价格上不去、成本下不来，产能过剩的约束、技术水平的约束、生态环保的约束），预计 2015 年有色金属工业生产、消费和投资增速都将保持在 6% 左右的水平。

由于资源环境、劳动力成本和资金都在刚性提高，成本不断抬高，一些企业将会面临资金链断裂的情况。2015 年 1—2 月，国内 66 家重点大型有色企业出现亏损，亏损面高达 54.5%，而这种情况仅在 2009 年金融危机时出现过。

第四节　建筑材料行业

一、中信建投证券股份有限公司

玻璃方面，目前我国平板玻璃产能为 1.42 亿重箱，2014 年 1—10 月，平板玻璃产量为 6.78 亿重量箱，同比增长 3.5%，由于房地产开发、房屋建设及汽车行业的需求增速低于 2013 年，玻璃需求增速随之下降，再加上供给过剩，导致玻璃价格一路下滑，预计 2015 年，投产加复产带来的产能增量为 5%—7%，由冷修造成的产能减少为 2.5%—4%，总产能将增加 1%—4.5%，行业需求增速在 4%—6%，产品价格前低后高，行业成本稳中有降。

地板、石膏板、瓷砖以及防水材料等的施工成本将不断上涨，而建材本身价格相对稳定，使得人力成本占建材价格的比例越来越高，再加上可支配收入的提高，将推动消费升级，给有品牌优势的企业带来机会。

建材各子行业集中度的提升进程将继续，且盈利能力的周期性变动和龙头公司的出现将促进行业集中度提升。

二、东兴证券股份有限公司

2015 年，水泥需求增速探底回升，进入低增速阶段，预计需求增速约 3.5% 左右，煤炭价格的下降趋势将保证行业较好盈利水平，行业将着眼于产能减法、地产投资和基建等需求改善带来的机会。2015 年水泥新增产能少，房地产水泥需求增速或将下滑，2014 年发改委审批的约 1.3 万亿的重大基建项目将拉动水泥需求，北京、浙江、内蒙古、广东、黑龙江、四川、江西、甘肃等受益较大。2015 年，有些区域负增长像江西、河北和宁夏等，建议关注产能控制好和受益基建拉动的相关区域公司。

2015 年，浮法玻璃需求增速下降，产能收缩景气下滑，产能过剩，行业处亏损边缘。电子玻璃需求稳定，技术领先企业替代进口的发展空间广阔。

玻璃纤维受益于国际大市场和产能冷修，供需相对稳定。2013—2016 年行业进入集中冷修期，新增产能较少，保证了供给稳中有减，行业景气状况有利于龙头企业收购兼并。

第五节　稀土行业

一、泛亚有色金属交易所

2014 年，六大稀土集团通过重组已全部就位，由工信部等八部委联合开展的打击稀土违法违规行为的专项行动取得阶段性成果，稀土行业逐步进入正轨，现货市场价格持续攀升。从 2014 年 12 月 12 日到 2015 年 3 月 12 日，氧化镝上涨 320 元 / 千克，涨幅超过 20%，氧化铽上涨 1420 元 / 千克，涨幅超过 50%，其他主流稀土品种价格均持续上涨。预计 2015 年，以氧化镝和氧化铽为代表的重稀土产品价格进一步上行的可能性较大，稀土行情或刚刚开始。分析原因主要有以下两点：

一是稀土行业继续出台利好政策的可能性较大，资源税改革、国储收货、六大稀土集团整合、打击非法稀土等政策将进一步推进。目前，首批稀土指令性生产计划已向大集团倾斜，2015年北方稀土首批稀土矿分离指标计划和产品较2014年分别增长了22%和19%。另外，《稀有金属管理条例》也正在由国务院法制办牵头制定。

二是稀土下游消费持续向好，稀土新材料领域尤其是稀土永磁材料钕铁硼的增长快速。永磁体材料最重要的消费领域风电设备制造业对钕铁硼的需求增长强劲，2014年风电新增装机容量20GW，同比增长24%，2015年新增风电装机规模有望增加至27GW，同比增长近30%，对钕铁硼永磁材料的需求将增加7000吨，达到27000吨。永磁电机将成为新能源汽车的主流技术，新能源汽车行业成为钕铁硼另外一重要消费领域，对其需求稳步增加。据测算，如果全球新能源汽车渗透率达到10%，每年高端钕铁硼的需求至少可达1.2万—4万吨。

二、中国有色矿业集团有限公司

2014年，受全球经济低迷、需求疲软以及稀土供应过剩与非法开采影响，稀土价格跌跌不休。2015年，国际竞争逐步加剧，中国稀土仍将面临较大压力。上半年由于政策尚不明朗，未来出口关税以及配套的资源税改革对市场的影响存在不确定性，不过在国家利好政策的支撑下，预计2015年市场比2014年有所好转。

2015年，我国会继续控制稀土矿开采总量，以更好地保护资源、规范市场秩序，预计总量将与2014年基本持平。

稀土资源税改革方预计将于2015年5月2日左右出台，按世贸组织规则取消配套出口关税，稀土资源税计征方式或将由原来的“从量计征”转变为“从价计征”，北方轻稀土资源税税率按照22%计征，南方离子矿按照35%计征。资源税的改革必将加大生产商和消费商成本，从而在一定程度上推稀土价格。

2015年，国内稀土大集团组建将继续进行，预计年底能够完成。另外，工信部联合多部委将开启一系列的打击非法稀土行动，有利于提振稀土价格。2015年我国取消了出口配额制度，但对市场没有实质性影响。

2015年上半年，我国出口市场还将面临较多的不确定性，海外买家多以观望为主，推迟大订单的下单时间。随着出口关税取消，资源税改革相应政策出台，下半年市场将明朗化，海外买家将开始新一轮大量的购买。

第二十九章　2015年中国原材料工业发展形势展望

第一节　原材料工业总体形势展望

预计 2015 年，全球经济温和复苏，国内经济环境总体稳定，我国原材料工业延续平稳发展势头，生产和投资规模继续扩大，进出口有望增长，产品价格低位震荡调整，行业经济效益略有改善。

一、生产延续平稳发展势头

预计 2015 年，我国原材料工业生产将呈现稳步增长态势，但增速进一步趋缓。一是国内外环境总体向好。全球经济缓慢恢复增长，美国经济在劳动力市场改善、房地产市场回暖的刺激下，复苏势头强劲；欧元区在量化宽松政策带动下，复苏有望加快；日本经济在货币、财政、汇率政策的多重刺激下，温和复苏；国内经济在结构优化、深化改革的背景下，进入中高速增长的新常态，经济增速将保持在 7% 左右。二是房地产、汽车等主要下游行业需求难有较大改善。虽然受一系列政策松动的刺激，2014 年 10 月房地产和基建投资出现了一定程度的回暖，预计会持续到 2015 年，但改善的幅度不大，房地产投资仍将处于低位。汽车产销将总体保持稳定，产销会保持小幅增长。

二、固定资产投资规模增速放缓

预计 2015 年，原材料工业投资规模会扩大，但投资增速会进一步回落。一是国内出台了相关利好政策。“一带一路”战略提出，我国将出资 400 亿美元成立丝路基金，加强全方位基础设施建设与互联互通建设，这将直接带动原材料下游交通、铁路、运输设备制造等行业发展，进而刺激原材料企业扩大投资规模。此外，发改委10月以来密集批复基建额度近8500亿元，投资乘数效应会在2015年逐渐显现。二是国内经济进入转方式、调结构的发展时期。我国正处于结构调整阵痛期和增长速度换挡期，经济下行压力依然较大，工业生产形势不容乐观，传统原材料工业产能过剩问题突出，一定程度上抑制了企业投资的积极性。三是节能减排形势严峻。钢铁、有色等原材料工业是节能减排大户，2015年是“十二五”目标实现的最后一年，节能减排压力大大增加。

三、进出口贸易有望增长

预计2015年，我国原材料产品进出口贸易活跃度会增加，进出口有望继续保持增长。一方面是受益于全球经济复苏，特别是美国经济复苏势头强劲，带动我国原材料产品出口需求。此外，“一路一带”战略的提出也将加强我国与亚欧地区的贸易联系，刺激钢铁、有色等产品的出口。另一方面，国内经济进入新常态，交通、水利、环保投资会加大力度，国内原材料产品进口需求会增加，但增长幅度不会太大。

四、产品价格低位震荡调整

预计2015年，我国原材料产品价格会延续低位震荡调整态势，具体产品价格走势会有所分化。钢材价格在产能过剩、市场供大于求、原燃料价格支撑减弱的影响下，缺乏大幅回升的条件，预计会继续低位调整。化工产品价格在国际油价走低的影响下，整体走势会偏弱，不同产品价格会依据供需格局变化出现一定程度分化。有色产品价格受美联储退出QE带来的美元升值、大宗商品价格下降影响，存在较大的下行风险。水泥等建材产品价格受房地产市场低迷影响，下行压力不减。

五、行业经济效益略有改善

预计2015年，我国原材料工业经济效益会略有改善，但部分行业仍将微利运行。一方面，受益于铁路、基建、水利等投资力度加大、房地产市场的回暖等定向刺激宏观政策，原材料产品需求会稳定增长，使得行业经济效益有所改善。另一方面，国际市场扩产、国内供大于求的市场压力、产品价格波动下行等因素将加大原材料企业的经营难度，经济效益难有较大改善。

第二节　分行业发展形势展望

一、石化化工行业

受国际经济缓慢复苏、我国经济进入新常态等因素影响，国际原油价格反弹乏力，预计 2015 年原油价格将低位运行。油价下跌将导致石油勘探开采环节的利润下降，投资将会减少，油气田建设速度会有所减缓，大庆油田将 2015 年的产油目标减少 150 万吨。同时，随着油价下跌，对于油服和石油装备的需求将会降低，中海油服预计 2015 年利润将比 2014 年降低，不利于海洋工程装备等产业发展。此外，油价下跌将降低化工产业成本，化工产业链中游成品油加工业和化学原料及制品制造业，以及下游化学纤维制造业、橡胶制品业和塑料制品业等的生产成本将降低，进而导致 PTA、PVC、LLDPE 和 PP 等化工产业链的产品价格下调。

随着石化产品供需关系的缓和，2015 年石化行业化解产能过剩局面将有所缓解；随着新环保法的实施，石化化工行业的经营压力将进一步增加，绿色发展或将加速；新常态将倒逼石化行业创新驱动发展；《石化产业规划布局方案》将推动石化产业“退城入园”，集聚发展。此外，在“一带一路”和长江经济带等战略的推动下，石化化工行业将保持平稳发展，原油、乙烯等消费量将进一步增加。预计 2015 年，石化化工行业主营业务收入和利润增速保持在 7% 左右。

二、钢铁行业

从生产来看，2015 年在宏观经济稳中有进、产能释放压力依然存在、钢铁下游行业增速放缓的影响等综合作用下，我国钢铁生产增长动力不足，2015 年粗钢产量进入峰值弧顶区。

从下游消费来看，我国固定资产投资增速放缓，投资对钢铁消费的带动作用减弱，钢铁消费将难有大的增长。一是部分政策措施将抑制投资需求，投资对钢铁消费的带动作用减弱。如为治理影子银行 2013 年 12 月国务院下发《关于加强影子银行监管有关问题的通知》（国办发 107 号文），为防范地方债务风险 2014 年国务院印发《关于加强地方政府性债务管理的意见》，这一系列措施将制约资金供给，拖累投资需求。二是从钢铁下游行业来看，房地产高库存、基础设施建设缺乏有效投融资机制以及制造业产能过剩等因素都将制约固定资产投资的增长，抑制房地产、基础设施建设、制造业等下游行业消费增长，减缓钢铁消费增长速度。

从出口来看，2015 年我国钢材出口下行风险极大。一是钢铁行业面临全球性的产能过剩，尽管国际经济发展形势整体呈现增长态势，有望带动国际市场的钢材需求增长，但是美、欧等国家和地区对俄经济制裁，乌克兰局势的不确定等因素将为趋稳的世界经济埋下隐患。二是钢铁产品出口政策调整，将抑制低端钢铁产品的大量出口。三是随着我国人口红利的逐步消失，环保成本的不断增长，我国钢材产品低成本优势消减，出口将面临更大的竞争压力。四是近几年我国钢材出口频繁遭遇贸易摩擦，出口面临阻力增大。

三、有色金属行业

铜：预计 2015 年随着新建铜厂产能的不断释放，全球铜精矿产量会持续增长，呈现过剩局面，受此影响，精炼铜供应也会过剩。受美国经济持续好转，日本、欧洲经济缓慢复苏刺激，铜精矿消费相对稳定，精炼铜消费会增长，但消费增速低于生产增速，铜价上涨空间有限。我国精铜生产和消费均会增加，供需缺口将缩小，但受国内经济增长放缓影响，国内精炼铜供应仍会出现过剩，铜价下行压力较大。

铝：随着国外原铝新增产能的不断释放，原铝产量继续增长。美国经济继续复苏，欧元区和日本经济增长仍面临下行风险，原铝消费会继续增长，全球原铝供应市场存在一定短缺，铝价有望上涨。我国原铝供应过剩压力不减，原铝消费增速会进一步放缓，国内铝价下行压力较大。

铅：预计 2015 年，铅矿山供应趋紧，铅消费因美国经济增长前景良好有望增长，铅价有望上涨，但受美联储加息预期影响，铅价上涨空间有限。国内铅消费在铅酸蓄电池需求增长的带动下，会继续增长，但铅精矿供应不足导致铅生产减速，国内铅价有望上涨。

锌：预计 2015 年，在全球经济缓慢复苏的背景下，锌消费会保持增长，但是锌供应在国外两大矿山关闭、中国矿山产量增长的影响下表现出较大的不确定性，有分析称将呈现“缺锌不缺矿”的局面，锌价有往上涨。国内锌产量稳定增长，锌消费略有增长，锌市场会略有短缺，锌价会有所上涨。

四、建材行业

预计2015年随着新“四化”同步推进、“一带一路”建设、京津冀一体化、自贸区建设等因素影响下，建材行业整体的需求环境将好于2014年。但是由于整个国民经济发展已经步入新常态，过去主要依靠投资驱动和低成本驱动的建材市场需求增长的发展方式将发生改变，预计2015年建材行业将面临更大的挑战。一是产能过剩矛盾依然突出。虽然目前国家严控新建项目，但仍有一批在建项目预计将在2015年投产，届时将会对市场造成一定冲击，化解产能过剩的任务依旧很重。二是环保压力日益增大。随着新《环保法》修订草案的正式施行、《水泥工业大气污染物排放标准》全面执行，对建材行业的环保约束也越来越强，企业环保成本势必增加，经营压力增大。三是市场环境有待优化。仍存在市场监管不到位，假冒伪劣产品流入市场等现象，影响建材行业的健康可持续发展。

2015年建材行业的优势与挑战并存，下行压力依然较大。但也是建材行业转型升级的关键时期，预计2015年建材企业间的并购重组有望增多，产业集中度有望进一步提高，市场环境有望进一步优化。预计建材产品产量、利润等增速趋缓，继续保持“稳中有进”的发展态势。

五、稀土行业

从稀土发展政策环境来看，预计2015年，我国稀土行业整体面临环境将进一步好转，行业秩序将进一步规范。国家对稀土行业违法违规行为的严格管理将形成长效机制；稀土大集团组建工作将进一步落地实施，从而发挥龙头企业的主体作用；稀土出口配额制度的取消和稀土关税制度的调整将促进稀土出口企业改变发展模式，而促进稀土行业创新，加大稀土深加工应用将成为稀土行业发展的新动力；另外，随着工信部公布《原材料工业两化深度融合推进计划（2015—2018年）》，稀土行业将开展两化深度融合，促进行业智能化管理水平的提升。

从稀土产品市场发展状况来看，由于稀土市场政策性导向特征明显，预计2015年，受国家管控政策的影响，稀土市场仍呈现供求不平的现象，但随着行业进一步规范，开拓新的稀土下游应用消费点，稀土产品需求市场或进一步打开，稀土产品价格或呈现稳定上升态势。

附　录

附录 1　国务院关于进一步优化企业兼并重组市场环境的意见

（国发〔2014〕14 号）

各省、自治区、直辖市人民政府，国务院各部委、各直属机构：

兼并重组是企业加强资源整合、实现快速发展、提高竞争力的有效措施，是化解产能严重过剩矛盾、调整优化产业结构、提高发展质量效益的重要途径。近年来，我国企业兼并重组步伐加快，但仍面临审批多、融资难、负担重、服务体系不健全、体制机制不完善、跨地区跨所有制兼并重组困难等问题。为深入贯彻党的十八大和十八届二中、三中全会精神，认真落实党中央和国务院的决策部署，营造良好的市场环境，充分发挥企业在兼并重组中的主体作用，现提出以下意见：

一、主要目标和基本原则

（一）主要目标。

1. 体制机制进一步完善。企业兼并重组相关行政审批事项逐步减少，审批效率不断提高，有利于企业兼并重组的市场体系进一步完善，市场壁垒逐步消除。

2. 政策环境更加优化。有利于企业兼并重组的金融、财税、土地、职工安置等政策进一步完善，企业兼并重组融资难、负担重等问题逐步得到解决，兼并重组服务体系不断健全。

3. 企业兼并重组取得新成效。兼并重组活动日趋活跃，一批企业通过兼并重组焕发活力，有的成长为具有国际竞争力的大企业大集团，产业竞争力进一步增强，资源配置效率显著提高，过剩产能得到化解，产业结构持续优化。

（二）基本原则。

1. 尊重企业主体地位。有效调动企业积极性，由企业自主决策、自愿参与兼并重组，坚持市场化运作，避免违背企业意愿的“拉郎配”。

2. 发挥市场机制作用。发挥市场在资源配置中的决定性作用，加快建立公平开放透明的市场规则，消除企业兼并重组的体制机制障碍，完善统一开放、竞争有序的市场体系。

3. 改善政府的管理和服务。取消限制企业兼并重组和增加企业兼并重组负担的不合理规定，解决企业兼并重组面临的突出问题，引导和激励各种所有制企业自主、自愿参与兼并重组。

二、加快推进审批制度改革

（三）取消下放部分审批事项。系统梳理企业兼并重组涉及的审批事项，缩小审批范围，对市场机制能有效调节的事项，取消相关审批。取消上市公司收购报告书事前审核，强化事后问责。取消上市公司重大资产购买、出售、置换行为审批（构成借壳上市的除外）。对上市公司要约收购义务豁免的部分情形，取消审批。地方国有股东所持上市公司股份的转让，下放地方政府审批。

（四）简化审批程序。优化企业兼并重组相关审批流程，推行并联式审批，避免互为前置条件。实行上市公司并购重组分类审核，对符合条件的企业兼并重组实行快速审核或豁免审核。简化海外并购的外汇管理，改革外汇登记要求，进一步促进投资便利化。优化国内企业境外收购的事前信息报告确认程序，加快办理相关核准手续。提高经营者集中反垄断审查效率。企业兼并重组涉及的生产许可、工商登记、资产权属证明等变更手续，从简限时办理。

三、改善金融服务

（五）优化信贷融资服务。引导商业银行在风险可控的前提下积极稳妥开展并购贷款业务。推动商业银行对兼并重组企业实行综合授信，改善对企业兼并重组的信贷服务。

（六）发挥资本市场作用。符合条件的企业可以通过发行股票、企业债券、非金融企业债务融资工具、可转换债券等方式融资。允许符合条件的企业发行优先股、定向发行可转换债券作为兼并重组支付方式，研究推进定向权证等作为支付方式。鼓励证券公司开展兼并重组融资业务，各类财务投资主体可以通过设立股权投资基金、创业投资基金、产业投资基金、并购基金等形式参与兼并重组。对上市公司发行股份实施兼并事项，不设发行数量下限，兼并非关联企业不再强制要求作出业绩承诺。非上市公众公司兼并重组，不实施全面要约收购制度。改革上市公司兼并重组的股份定价机制，增加定价弹性。非上市公众公司兼并重组，允许实行股份协商定价。

四、落实和完善财税政策

（七）完善企业所得税、土地增值税政策。修订完善兼并重组企业所得税特殊性税务处理的政策，降低收购股权（资产）占被收购企业全部股权（资产）的比例限制，扩大特殊性税务处理政策的适用范围。抓紧研究完善非货币性资产投资交易的企业所得税、企业改制重组涉及的土地增值税等相关政策。

（八）落实增值税、营业税等政策。企业通过合并、分立、出售、置换等方式，转让全部或者部分实物资产以及与其相关联的债权、债务和劳动力的，不属于增值税和营业税征收范围，不应视同销售而征收增值税和营业税。税务部门要加强跟踪管理，企业兼并重组工作牵头部门要积极协助财税部门做好相关税收政策的落实。

（九）加大财政资金投入。中央财政适当增加工业转型升级资金规模，引导实施兼并重组的企业转型升级。利用现有中央财政关闭小企业资金渠道，调整使用范围，帮助实施兼并重组的企业安置职工、转型转产。加大对企业兼并重组公共服务的投入力度。各地要安排资金，按照行政职责，解决本地区企业兼并重组工作中的突出问题。

（十）进一步发挥国有资本经营预算资金的作用。根据企业兼并重组的方向、重点和目标，合理安排国有资本经营预算资金引导国有企业实施兼并重组、做优做强，研究完善相关管理制度，提高资金使用效率。

五、完善土地管理和职工安置政策

（十一）完善土地使用政策。政府土地储备机构有偿收回企业因兼并重组而退出的土地，按规定支付给企业的土地补偿费可以用于企业安置职工、偿还债务等支出。企业兼并重组中涉及因实施城市规划需要搬迁的工业项目，在符合城乡规划及国家产业政策的条件下，市县国土资源管理部门经审核并报同级人民政府批准，可收回原国有土地使用权，并以协议出让或租赁方式为原土地使用权人重新安排工业用地。企业兼并重组涉及土地转让、改变用途的，国土资源、住房城乡建设部门要依法依规加快办理相关用地和规划手续。

（十二）进一步做好职工安置工作。落实完善兼并重组职工安置政策。实施兼并重组的企业要按照国家有关法律法规及政策规定，做好职工安置工作，妥善处理职工劳动关系。地方各级人民政府要进一步落实促进职工再就业政策，做好职工社会保险关系转移接续，保障职工合法权益。对采取有效措施稳定职工队伍的企业给予稳定岗位补贴，所需资金从失业保险基金中列支。

六、加强产业政策引导

（十三）发挥产业政策作用。提高节能、环保、质量、安全等标准，规范行业准入，形成倒逼机制，引导企业兼并重组。支持企业通过兼并重组压缩过剩产能、淘汰落后产能、促进转型转产。产能严重过剩行业项目建设，须制定产能置换方案，实施等量或减量置换。

（十四）鼓励优强企业兼并重组。推动优势企业强强联合、实施战略性重组，带动中小企业“专精特新”发展，形成优强企业主导、大中小企业协调发展的产业格局。

（十五）引导企业开展跨国并购。落实完善企业跨国并购的相关政策，鼓励具备实力的企业开展跨国并购，在全球范围内优化资源配置。规范企业海外并购秩序，加强竞争合作，推动互利共赢。积极指导企业制定境外并购风险应对预案，防范债务风险。鼓励外资参与我国企业兼并重组。

（十六）加强企业兼并重组后的整合。鼓励企业通过兼并重组优化资金、技术、人才等生产要素配置，实施业务流程再造和技术升级改造，加强管理创新，实现优势互补、做优做强。

七、进一步加强服务和管理

（十七）推进服务体系建设。进一步完善企业兼并重组公共信息服务平台，拓宽信息交流渠道。培育一批业务能力强、服务质量高的中介服务机构，提高关键领域、薄弱环节的服务能力，促进中介服务机构专业化、规范化发展。发挥行业协会在企业兼并重组中的重要作用。

（十八）建立统计监测制度。加强企业兼并重组的统计信息工作，构建企业兼并重组统计指标体系，建立和完善统计调查、监测分析和发布制度。整合行业协会、中介组织等信息资源，畅通统计信息渠道，为企业提供及时有效的信息服务。

（十九）规范企业兼并重组行为。严格依照有关法律法规和政策，保护职工、债权人和投资者的合法权益。完善国有产权转让有关规定，规范国有资产处置，防止国有资产流失。采取切实措施防止企业通过兼并重组逃废银行债务，依法维护金融债权，保障金融机构合法权益。在资本市场上，主板、中小板企业兼并重组构成借壳上市的，要符合首次公开发行条件。加强上市公司和非上市公众公司信息披露，强化事中、事后监管，严厉查处内幕交易等违法违规行为。加强外国投资者并购境内企业安全审查，维护国家安全。

八、健全企业兼并重组的体制机制

（二十）完善市场体系建设。深化要素配置市场化改革，进一步完善多层次资本市场体系。加快建立现代企业产权制度，促进产权顺畅流转。加强反垄断和反不正当竞争执法，规范市场竞争秩序，加强市场监管，促进公平竞争和优胜劣汰。行政机关和法律法规授权的具有管理公共事务职责的组织，应严格遵守反垄断法，不得滥用行政权力排除和限制竞争。

（二十一）消除跨地区兼并重组障碍。清理市场分割、地区封锁等限制，加强专项监督检查，落实责任追究制度。加大一般性转移支付力度，平衡地区间利益关系。落实跨地区机构企业所得税分配政策，协调解决企业兼并重组跨地区利益分享问题，解决跨地区被兼并企业的统计归属问题。

（二十二）放宽民营资本市场准入。向民营资本开放非明确禁止进入的行业和领域。推动企业股份制改造，发展混合所有制经济，支持国有企业母公司通过出让股份、增资扩股、合资合作引入民营资本。加快垄断行业改革，向民营资本开放垄断行业的竞争性业务领域。优势企业不得利用垄断力量限制民营企业参与市场竞争。

（二十三）深化国有企业改革。深入推进国有企业产权多元化改革，完善公司治理结构。改革国有企业负责人任免、评价、激励和约束机制，完善国有企业兼并重组考核评价体系。加大国有企业内部资源整合力度，推动国有资本更多投向关系国家安全、国民经济命脉的重要行业和关键领域。

九、切实抓好组织实施

（二十四）进一步加大统筹协调力度。充分发挥企业兼并重组工作部际协调小组的作用，解决跨地区跨所有制企业兼并重组和跨国并购中的重大问题，做好重大部署的落实，组织开展政策执行情况评估和监督检查。各有关部门要按照职责分工抓紧制定出台配套政策措施，加强协调配合，完善工作机制，扎实推进各项工作。

（二十五）切实加强组织领导。各地区要按照本意见要求，结合当地实际抓紧制定优化企业兼并重组市场环境的具体方案，建立健全协调机制和服务体系，积极协调解决本地区企业兼并重组中遇到的问题，确保各项政策措施落到实处，有关重大事项及时报告企业兼并重组工作部际协调小组。

国务院

2014 年 3 月 7 日

附录2 国务院办公厅关于印发2014—2015年节能减排低碳发展行动方案的通知

（国办发〔2014〕23号）

各省、自治区、直辖市人民政府，国务院各部委、各直属机构：

《2014—2015年节能减排低碳发展行动方案》已经国务院同意，现印发给你们，请结合本地区、本部门实际，认真贯彻落实。

国务院办公厅

2014年5月15日

2014—2015年节能减排低碳发展行动方案

加强节能减排，实现低碳发展，是生态文明建设的重要内容，是促进经济提质增效升级的必由之路。“十二五”规划纲要明确提出了单位国内生产总值（GDP）能耗和二氧化碳排放量降低、主要污染物排放总量减少的约束性目标，但2011—2013年部分指标完成情况落后于时间进度要求，形势十分严峻。为确保全面完成“十二五”节能减排降碳目标，制定本行动方案。

工作目标：2014—2015年，单位GDP能耗、化学需氧量、二氧化硫、氨氮、氮氧化物排放量分别逐年下降3.9%、2%、2%、2%、5%以上，单位GDP二氧化碳排放量两年分别下降4%、3.5%以上。

一、大力推进产业结构调整

（一）积极化解产能严重过剩矛盾。认真贯彻落实《国务院关于化解产能严重过剩矛盾的指导意见》（国发〔2013〕41号），严格项目管理，各地区、各有关部门不得以任何名义、任何方式核准或备案产能严重过剩行业新增产能项目，依法依规全面清理违规在建和建成项目。加大淘汰落后产能力度，在提前一年完成钢铁、电解铝、水泥、平板玻璃等重点行业“十二五”淘汰落后产能任务的基础上，2015年底前再淘汰落后炼铁产能1500万吨、炼钢1500万吨、水泥（熟料及粉磨能力）1亿吨、平板玻璃2000万重量箱。

（二）加快发展低能耗低排放产业。加强对服务业和战略性新兴产业相关政策措施落实情况的督促检查，力争到2015年服务业和战略性新兴产业增加值占GDP的比重分别达到47%和8%左右。加快落实《国务院关于加快发展节能环保产业的意见》（国发〔2013〕30号），组织实施一批节能环保和资源循环利用重大技术装备产业化工程，完善节能服务公司扶持政策准入条件，实行节能服务产业负面清单管理，积极培育“节能医生”、节能量审核、节能低碳认证、碳排放核查等第三方机构，在污染减排重点领域加快推行环境污染第三方治理。到2015年，节能环保产业总产值达到4.5万亿元。

（三）调整优化能源消费结构。实行煤炭消费目标责任管理，严控煤炭消费总量，降低煤炭消费比重。京津冀及周边、长三角、珠三角等区域及产能严重过剩行业新上耗煤项目，要严格实行煤炭消耗等量或减量替代政策，京津冀地区2015年煤炭消费总量力争实现比2012年负增长。加快推进煤炭清洁高效利用，在大气污染防治重点区域地级以上城市大力推广使用型煤、清洁优质煤及清洁能源，限制销售灰分高于16%、硫分高于1%的散煤。增加天然气供应，优化天然气使用方式，新增天然气优先用于居民生活或替代燃煤。大力发展非化石能源，到2015年非化石能源占一次能源消费量的比重提高到11.4%。

（四）强化能评环评约束作用。严格实施项目能评和环评制度，新建高耗能、高排放项目能效水平和排污强度必须达到国内先进水平，把主要污染物排放总量指标作为环评审批的前置条件，对钢铁、有色、建材、石油石化、化工等高耗能行业新增产能实行能耗等量或减量置换。对未完成节能减排目标的地区，暂停该地区新建高耗能项目的能评审查和新增主要污染物排放项目的环评审批。完善能评管理制度，规范评估机构，优化审查流程。

二、加快建设节能减排降碳工程

（五）推进实施重点工程。大力实施节能技术改造工程，运用余热余压利用、能量系统优化、电机系统节能等成熟技术改造工程设备，形成节能能力3200万吨标准煤。加快实施节能技术装备产业化示范工程，推广应用低品位余热利用、半导体照明、稀土永磁电机等先进技术装备，形成节能能力1100万吨标准煤。实施能效领跑者计划和合同能源管理工程，形成节能能力2200万吨标准煤。推进脱硫脱硝工程建设，完成3亿千瓦燃煤机组脱硝改造，2.5亿千瓦燃煤机组拆除烟气旁路，4万平方米钢铁烧结机安装脱硫设施，6亿吨熟料产能的新型干法水泥生产线安装脱硝设施，到2015年底分别新增二氧化硫、氮氧化物减排能力230万吨、260万吨以上。新建日处理能力1600万吨的城镇污水处理设施，规模化畜禽养殖场和养殖小区配套建设废弃物处理设施，到2015年底分别新增化学需氧量、氨氮减排能力200万吨、30万吨。加强对氢氟碳化物(HFCs)排放的管理，加快氢氟碳化物销毁和替代，“十二五”期间累计减排2.8亿吨二氧化碳当量。

（六）加快更新改造燃煤锅炉。开展锅炉能源消耗和污染排放调查。实施燃煤锅炉节能环保综合提升工程，2014年淘汰5万台小锅炉，到2015年底淘汰落后锅炉20万蒸吨，推广高效节能环保锅炉25万蒸吨，全面推进燃煤锅炉除尘升级改造，对容量20蒸吨/小时及以上燃煤锅炉全面实施脱硫改造，形成2300万吨标准煤节能能力、40万吨二氧化硫减排能力和10万吨氮氧化物减排能力。

（七）加大机动车减排力度。2014年底前，在全国供应国四标准车用柴油，淘汰黄标车和老旧车600万辆。到2015年底，京津冀、长三角、珠三角等区域内重点城市全面供应国五标准车用汽油和柴油；全国淘汰2005年前注册营运的黄标车，基本淘汰京津冀、长三角、珠三角等区域内的500万辆黄标车。加强机动车环保管理，强化新生产车辆环保监管。加快柴油车车用尿素供应体系建设。

（八）强化水污染防治。落实最严格水资源管理制度。编制实施水污染防治行动计划，重点保护饮用水水源地、水质较好湖泊，重点治理劣五类等污染严重水体。继续推进重点流域水污染防治，严格水功能区管理。加强地下水污染防治，加大农村、农业面源污染防治力度，严格控制污水灌溉。强化造纸、印染等重点行业污染物排放控制。到2015年，重点行业单位工业增加值主要水污染物排放量下降30%以上。

三、狠抓重点领域节能降碳

（九）加强工业节能降碳。实施工业能效提升计划，在重点耗能行业全面推行能效对标，推动工业企业能源管控中心建设；开展工业绿色发展专项行动，实施低碳工业园区试点，到2015年，规模以上工业企业单位增加值能耗比2010

年降低21%以上。持续开展万家企业节能低碳行动，推动建立能源管理体系；制定重点行业企业温室气体排放核算与报告指南，推动建立企事业单位碳排放报告制度；强化节能降碳目标责任评价考核，落实奖惩制度。到2015年底，万家企业实现节能量2.5亿吨标准煤以上。

（十）推进建筑节能降碳。深入开展绿色建筑行动，政府投资的公益性建筑、大型公共建筑以及各直辖市、计划单列市及省会城市的保障性住房全面执行绿色建筑标准。到2015年，城镇新建建筑绿色建筑标准执行率达到20%，新增绿色建筑3亿平方米，完成北方采暖地区既有居住建筑供热计量及节能改造3亿平方米。以住宅为重点，以建筑工业化为核心，加大对建筑部品生产的扶持力度，推进建筑产业现代化。

（十一）强化交通运输节能降碳。加快推进综合交通运输体系建设，开展绿色循环低碳交通运输体系建设试点，深化“车船路港”千家企业低碳交通运输专项行动。实施高速公路不停车自动交费系统全国联网工程。加大新能源汽车推广应用力度。继续推行甩挂运输，开展城市绿色货运配送示范行动。积极发展现代物流业，加快物流公共信息平台建设。大力发展公共交通，推进“公交都市”创建活动。公路、水路运输和港口形成节能能力1400万吨标准煤以上，到2015年，营运货车单位运输周转量能耗比2013年降低4%以上。

（十二）抓好公共机构节能降碳。完善公共机构能源审计及考核办法。推进公共机构实施合同能源管理项目，将公共机构合同能源管理服务纳入政府采购范围。开展节约型公共机构示范单位建设，将40%以上的中央国家机关本级办公区建成节约型办公区。2014—2015年，全国公共机构单位建筑面积能耗年均降低2.2%，力争超额完成“十二五”时期降低12%的目标。

四、强化技术支撑

（十三）加强技术创新。实施节能减排科技专项行动和重点行业低碳技术创新示范工程，以电力、钢铁、石油石化、化工、建材等行业和交通运输等领域为重点，加快节能减排共性关键技术及成套装备研发生产。在能耗高、节能减排潜力大的地区，实施一批能源分质梯级利用、污染物防治和安全处置等综合示范科技研发项目。实施水体污染治理与控制重大科技专项，突破化工、印染、医药等行业源头控制及清洁生产关键技术瓶颈。鼓励建立以企业为主体、市场为导向、多种形式的产学研战略联盟，引导企业加大节能减排技术研发投入。

（十四）加快先进技术推广应用。完善节能低碳技术遴选、评定及推广机制，以发布目录、召开推广会等方式向社会推广一批重大节能低碳技术及装备，鼓励企业积极采用先进适用技术进行节能改造，实现新增节能能力1350万吨标准煤。在钢铁烧结机脱硫、水泥脱硝和畜禽规模养殖等领域，加快推广应用成熟的污染治理技术。实施碳捕集、利用和封存示范工程。

五、进一步加强政策扶持

（十五）完善价格政策。严格清理地方违规出台的高耗能企业优惠电价政策。落实差别电价和惩罚性电价政策，节能目标完成进度滞后地区要进一步加大差别电价和惩罚性电价执行力度。对电解铝企业实行阶梯电价政策，并逐步扩大到其他高耗能行业和产能过剩行业。落实燃煤机组环保电价政策。完善污水处理费政策,研究将污泥处理费用纳入污水处理成本。完善垃圾处理收费方式,提高收缴率。

（十六）强化财税支持。各级人民政府要加大对节能减排的资金支持力度，整合各领域节能减排资金，加强统筹安排，提高使用效率，努力促进资金投入与节能减排工作成效相匹配。严格落实合同能源管理项目所得税减免政策。实施煤炭等资源税从价计征改革，清理取消有关收费基金。开展环境保护税立法工作，加快推进环境保护费改税。

（十七）推进绿色融资。银行业金融机构要加快金融产品和业务创新，加大对节能减排降碳项目的支持力度。支持符合条件的企业上市、发行非金融企业债务融资工具、企业债券等，拓宽融资渠道。建立节能减排与金融监管部门及金融机构信息共享联动机制，促进节能减排信息在金融机构中实现共享，作为综合授信和融资支持的重要依据。积极引导多元投资主体和各类社会资金进入节能减排降碳领域。

六、积极推行市场化节能减排机制

（十八）实施能效领跑者制度。定期公布能源利用效率最高的空调、冰箱等量大面广终端用能产品目录，单位产品能耗最低的乙烯、粗钢、电解铝、平板玻璃等高耗能产品生产企业名单，以及能源利用效率最高的机关、学校、医院等公共机构名单，对能效领跑者给予政策扶持，引导生产、购买、使用高效节能产品。适时将能效领跑者指标纳入强制性国家标准。

（十九）建立碳排放权、节能量和排污权交易制度。推进碳排放权交易试点，研究建立全国碳排放权交易市场。加快制定节能量交易工作实施方案，依托现有交易平台启动项目节能量交易。继续推进排污权有偿使用和交易试点。

（二十）推行能效标识和节能低碳产品认证。修订能效标识管理办法，将实施能效标识的产品由28类扩大到35类。整合节能和低碳产品认证制度，制定节能低碳产品认证管理办法，将实施节能认证的产品由117类扩大到139类，强化对认证结果的采信。将产品能效作为质量监管的重点，严厉打击能效虚标行为。

（二十一）强化电力需求侧管理。落实电力需求侧管理办法，完善配套政策，严格目标责任考核。建设国家电力需求侧管理平台，推广电能服务，继续实施电力需求侧管理城市综合试点。电网企业要确保完成年度电力电量节约指标，并对平台建设及试点工作给予支持和配合。电力用户要积极采用节电技术产品，优化用电方式，提高电能利用效率。通过推行电力需求侧管理机制，2014—2015年节约电量400亿千瓦时，节约电力900万千瓦。

七、加强监测预警和监督检查

（二十二）强化统计预警。加强能源消耗、温室气体排放和污染物排放计量与统计能力建设，进一步完善节能减排降碳的计量、统计、监测、核查体系，确保相关指标数据准确一致。加强分析预警，定期发布节能目标完成情况晴雨表和主要污染物排放数据公告。各地区要研究制定确保完成节能减排降碳目标的预警调控方案，根据形势适时启动。

（二十三）加强运行监测。加快推进重点用能单位能耗在线监测系统建设，2014年完成试点，2015年基本建成。进一步完善主要污染物排放在线监测系统，确保监测系统连续稳定运行，到2015年底，污染源自动监控数据有效传输率达到75%，企业自行监测结果公布率达到80%，污染源监督性监测结果公布率达到95%。

（二十四）完善法规标准。推进节约能源法、大气污染防治法、建设项目环境保护管理条例的修订工作，推动开展节能评估审查、应对气候变化立法等工作，加快制定排污许可证管理条例、机动车污染防治条例等法规，研究制定节能监察办法。实施百项能效标准推进工程，制（修）订一批重要节能标准、重点行业污染物排放标准，落实重点区域大气污染物排放特别限值要求。

（二十五）强化执法监察。加强节能监察能力建设，到 2015 年基本建成省、市、县三级节能监察体系。发挥能源监管派出机构的作用，加强能源消费监管。2014 年下半年，各地区节能主管部门要针对万家重点用能企业开展专项监察。环保部门要持续开展专项执法，公布违法排污企业名单，发布重点企业污染物排放信息，对违法违规行为进行公开通报或挂牌督办。依法查处违法用能排污单位和相关责任人。实行节能减排执法责任制，对行政不作为、执法不严等行为，严肃追究有关主管部门和执法机构负责人的责任。

八、落实目标责任

（二十六）强化地方政府责任。各省（区、市）要严格控制本地区能源消费增长。严格实施单位 GDP 能耗和二氧化碳排放强度降低目标责任考核，减排重点考核污染物控制目标、责任书项目落实、监测监控体系建设运行等情况。地方各级人民政府对本行政区域内节能减排降碳工作负总责，主要领导是第一责任人。对未完成年度目标任务的地区，必要时请国务院领导同志约谈省级政府主要负责人，有关部门按规定进行问责，相关负责人在考核结果公布后的一年内不得评选优秀和提拔重用，考核结果向社会公布。对超额完成“十二五”目标任务的地区，按照国家有关规定，根据贡献大小给予适当奖励。

（二十七）落实重点地区责任。海南、甘肃、青海、宁夏、新疆等节能降碳目标完成进度滞后的地区，要抓紧制定具体方案，采取综合性措施，确保完成节能降碳目标任务。云南、贵州、广西、新疆等减排工作进展缓慢地区，要进一步挖掘潜力，确保完成减排目标。强化京津冀及周边、长三角、珠三角等重点区域污染减排，尽可能多削减氮氧化物，力争 2014—2015 年实现氮氧化物减排 12%，高出全国平均水平 2 个百分点。年能源消费量 2 亿吨标准煤以上的重点用能地区和东中部排放量较大地区，在确保完成目标任务前提下要多作贡献。各省级人民政府要对年能源消费量 300 万吨标准煤以上的市县实行重点管理，出台措施推动多完成节能任务。18 个节能减排财政政策综合示范城市要争取提前一年完成“十二五”节能目标，或到 2015 年超额完成目标的 20% 以上。低碳试点省（区）和城市要提前完成“十二五”降碳目标。

（二十八）明确相关部门工作责任。国务院各有关部门要按照职责分工，加强协调配合，多方齐抓共管，形成工作合力。发展改革委要履行好国家应对气候变化及节能减排工作领导小组办公室的职责，会同环境保护部等有关部门加强对地方和企业的监督指导，抓紧制定出台对进度滞后地区的帮扶督办方案，密切跟踪工作进展，督促行动方案各项措施落到实处。环境保护部等要全面加强监管，其他各相关部门也要抓紧行动，共同做好节能减排降碳工作。

（二十九）强化企业主体责任。企业要严格遵守节能环保法律法规及标准，加强内部管理，增加资金投入，及时公开节能环保信息，确保完成目标任务。中央企业要积极发挥表率作用，把节能减排任务完成情况作为企业绩效和负责人业绩考核的重要内容。国有企业要力争提前完成“十二五”节能目标。充分发挥行业协会在加强企业自律、树立行业标杆、制定技术规范、推广先进典型等方面的作用。

（三十）动员公众积极参与。采取形式多样的宣传教育活动，调动社会公众参与节能减排的积极性。鼓励对政府和企业落实节能减排降碳责任进行社会监督。

附录3　关于促进生产过程协同资源化处理城市及产业废弃物工作的意见

（发改环资〔2014〕884号）

各省、自治区、直辖市及计划单列市发展改革委、科技厅（委）、工信委（经信委）、财政厅（局）、环保厅（局）、住房建设厅（委、局）、能源局、物价局：

为贯彻党的十八大提出的生态文明建设的战略部署，落实《循环经济促进法》和《循环经济发展战略及近期行动计划》（国发〔2013〕5号）的要求，加快我国城市及产业废弃物的无害化处置、资源化利用，提高我国新型城镇化的质量和水平，推动绿色循环低碳发展，现就促进生产过程协同资源化处理城市及产业废弃物工作提出如下意见。

一、现状和意义

利用企业生产过程协同资源化处理废弃物，是指利用工业窑炉等生产设施，在满足企业生产要求且不降低产品质量的情况下，将废弃物作为生产过程的部分原料或燃料等，实现废弃物的无害化处置并部分资源化的处理方式。

目前，我国工业固体废物年产生量约32.3亿吨，城市生活垃圾年清运量约1.71亿吨，但由于我国废弃物处置能力相对不足，大量固体废物未得到及时有效的处理处置。通过现有企业生产过程进行协同资源化处理，可以提高我国废弃物无害化处理能力，有利于化解我国废弃物处理处置的难题，是循环经济的重要领域。在企业协同处理过程中，废弃物可以作为替代原料或燃料实现部分资源化利用，含硅、钙、铝、铁等组分的废弃物可作为建材生产的替代原料；热值较高的工业废物、生活垃圾、污泥等可替代部分燃料。协同资源化可以构建企业间、产业间、生产系统和生活系统间的循环经济链条，促进企业减少能源资源消耗和污染排放，推动水泥等行业化解产能过剩矛盾，实现水泥、电力、钢铁等传统行业的绿色化转型，树立承担社会责任、保护环境的良好形象，实现企业与城市和谐共存。

近年来，我国一些水泥企业开展了利用水泥窑协同处理工业废物、污水处理厂污泥、污染土壤和危险废物的实践，同时开展了水泥窑协同处理生活垃圾和垃圾焚烧飞灰的探索；部分钢铁企业开发了利用铬渣等废物制作自熔性烧结矿冶炼含铬生铁工艺；一些电厂开展了协同处理污水处理厂污泥的工程实践。目前我国利用生产过程协同资源化处理废弃物面临的突出问题是：产业发展处于起步阶段，处理工艺和关键技术不成熟，企业运行管理经验不足，废弃物特性有待明确，缺乏针对性排放标准、污染控制标准、产品质量控制标准等风险控制相关标准和完善的控制措施，管理体制不够健全，缺乏政策激励。

二、指导思想、基本原则和目标

（一）指导思想。以邓小平理论、“三个代表”重要思想、科学发展观为指导，深入贯彻节约资源和保护环境的基本国策，从促进废弃物资源化利用和无害化处理出发，提高企业协同处理的管理和技术水平，加强协同处理全过程的污染防治，培育示范企业，规范技术体系，加强法规建设，强化政策引导，推动我国循环发展和生态文明建设。

（二）基本原则。一是坚持积极引导与有效监管相结合。通过法规规范、政策引导，调动企业积极性，同时完善政府监管体制，规范企业的协同处理实践。二是坚持统筹规划与重点突破相结合。加强规划指导，合理布局，防止低水平重复建设，继续推进协同资源化处理废弃物试点示范，由点到面，有序推进。三是坚持科技创新与体系建设相结合。鼓励科技创新，解决共性关键技术问题，规范行业准入，完善政策机制。四是坚持安全防范与安全生产相结合。加强协同处理设施和生产设施设计、运行过程的安全防范和管理，提高安全防范水平。

（三）主要目标。在水泥、电力、钢铁等行业培育一批协同处理废弃物的示范企业，在有废弃物处理需求的城市建成60个左右协同资源化处理废弃物示范项目，引导相关科研机构研发适合国情的成套技术装备，建立健全针对不同固体废弃物协同处理的技术规范和标准体系，保障协同处理过程的环境安全；完善废弃物的交易市场、监管体系和激励政策，逐步形成适合国情的运行机制和管理模式。

三、重点领域

（一）水泥行业。推进利用现有水泥窑协同处理危险废物、污水处理厂污泥、垃圾焚烧飞灰等，利用现有水泥窑协同处理生活垃圾的项目开展试点。加强示范引导和试点研究，加大支持投入，消除市场和制度瓶颈，扩大可利用废弃物范围，制定有针对性的污染控制标准，规范环境安全保障措施。

（二）电力行业。推进现有火电厂协同资源化处理污水处理厂污泥，开发应用污泥干化、储运和电站锅炉煤炭与干化污泥或垃圾衍生燃料高效环保混烧等的成套技术和工艺，鼓励电力企业加大资源化利用污泥的升级改造力度。

（三）钢铁行业。推进钢铁企业消纳铬渣等危险废物，突破这类废弃物消纳利用的技术途径，规范环境安全措施。

四、工作重点

（一）统筹规划布局。各地根据本地废弃物处理和可协同处理设施现状，加强组织协调，合理布局，充分利用好现有设施，处理好现有企业协同处理和新建废弃物处理处置设施的关系，确保废弃物得到有效处置。不得以协同处理为名新建生产设施，严防重复建设、低水平建设。支持燃煤发电厂与污水处理厂集中布局和一体化建设、运营，妥善解决污泥干化热源，促进长期协调发展。在具备协同资源化处理条件的地区，鼓励具备条件的企业通过与地方政府或产出废弃物的企业签订合约，积极参与协同资源化处理废弃物。

（二）开展试点示范。在有废弃物无害化处置和资源化利用需求的城市，选择基础条件好的现有水泥、电力和钢铁企业，开展协同资源化处理废弃物的试点示范工程，加大支持力度，完善生产规范和运营机制。企业生产主体设备要先进可靠，在试点期内稳定生产运行，确保效果发挥。探索开展原生铅冶炼企业协同处置含铅玻璃试点工作。强化政策引导和政府监管措施，探索建立市场化运作模式，以点带面，逐步向全国推广。

（三）完善相关标准。针对水泥、电力和钢铁企业协同资源化处理废弃物的特点，建立固体废弃物工业窑炉混烧处置技术规范和排放标准以及用于协同处理燃料的预处理标准。制定并完善相关污染控制标准。研究完善操作规范、技术流程和检测标准，在水泥等产品标准中补充健康和性能有害成分的限值。

（四）突破关键技术。开展水泥、电力和钢铁企业协同资源化处理废弃物的技术攻关，将废弃物中污染成分的迁移转化规律、废弃物预处理、稳定运行保障和二次污染控制等关键技术纳入科技计划的重点方向，研究协同资源化处理废弃物的节能减排措施。

（五）规范行业准入。参与协同处理的企业必须为合规设立企业，符合产业政策和行业准入要求。对协同处理危险废物的企业，要符合《危险废物经营许可证管理办法》等有关规定，取得危险废物经营许可证。对协同资源化处理生活垃圾的企业，要符合住房城乡建设部门制定的生活垃圾处理标准和规范。抓紧制定协同资源化处理污水厂污泥的企业准入条件。

（六）完善环保措施。严格执行《水泥窑协同处理固体废物污染控制标准》，在制定完善技术规范和标准的基础上，强化处理过程的环境管理，研究污染物的迁移转化规律，制定具有针对性的治理措施，加强协同处理设施的环境监测工作，强化二噁英监测，推动监测信息公开，形成完善的污染综合防控体系。注重废弃物运输、贮存、预处理和混烧过程的污染控制，保障生产企业达标排放。

（七）提高安全防范等级。设计相关建设项目中要充分考虑运行安全性，制定完善的应急预案，保障消防、安保设施完备，做好协同处理设施与生产主体设施安全性的有效衔接，同时提高其安全防范等级。运行中要严格管理，提高操作人员的安全生产素质，严防事故发生。加强产品质量管理，杜绝二次污染。

五、保障措施

（一）建立各部门参与的协调机制。建立发展改革委牵头，科技、工业、财政、环保、建设、能源、物价等部门参加的协同处理废弃物的部门协调机制，各部门要各负其责，密切配合，及时解决相关工作中出现的问题。

（二）完善鼓励政策。国家将继续支持协同资源化处理固体废弃物技术研发、示范和推广项目，积极支持降低企业因协同资源化处理废弃物增加的技改、运行和环保成本；研究完善相关财税政策，鼓励银行业金融机构积极为相关企业提供融资服务。符合资源综合利用和废弃物处置条件的协同资源化处理项目和企业，可按规定享受相关优惠政策。支持产业技术创新联盟开展相关工作。

（三）理顺价格体系。遵循“污染者付费”的原则，通过政策引导建立废弃物的关联企业之间的交易处理市场，研究建立生产过程协同处理废弃物的价格政策，增强关联企业的主动性和积极性。

（四）加大全过程监督管理力度。各级相关部门要完善监管措施，严惩违约违规，切实防止废弃物产生方无故不提供废弃物或协同处理方无故不接受废弃物的问题发生；严格加强环境监管，保证废弃物在交易、运输、贮存和协同处理过程中的环境安全;加强对生活垃圾和城镇污水处理厂污泥处理处置的指导和监管。各级循环经济发展综合管理部门要认真开展工作，履行组织协调的职责。

（五）加强宣传推广。加大正面宣传力度，广泛宣传企业协同处理废弃物在保护环境、节约资源中的重要作用，普及基本知识，积极稳妥推行信息公开，消除社会对处理过程环境安全的担忧，提高有关部门、相关企业和广大群众的认识程度。举办协同处理废弃物的技术、设备展览会和研讨会。结合推广循环经济典型模式案例，召开现场经验交流会，组织示范工程现场观摩和经验交流。

国家发展改革委
科　技　部
工业和信息化部
财　政　部
环境保护部
住房城乡建设部
国家能源局
2014年5月6日

附录 4　铜冶炼行业规范条件

中华人民共和国工业和信息化部
公　告
2014 年 第 29 号

为进一步加强铜冶炼行业管理，遏制低水平重复建设，规范现有铜冶炼企业生产经营秩序，提升资源综合利用率和节能环保水平，推动铜工业结构调整和产业升级，促进铜冶炼行业持续健康发展，根据国家有关法律法规和产业政策，经商有关部门，制定《铜冶炼行业规范条件》，现予以公告。

工业和信息化部

2014 年 4 月 14 日

附件：

铜冶炼行业规范条件

为加快铜工业结构调整，建立统一开放、竞争有序的市场体系，规范企业生产经营秩序，促进行业持续健康协调发展，依据相关产业政策和规划，现将《铜行业准入条件（2006 年）》修订为《铜冶炼行业规范条件》。本规范条件适用于利用铜精矿和含铜二次资源为原料的铜冶炼企业。

一、企业布局、生产规模

（一）企业布局

新建或者改造的铜冶炼项目必须符合国家产业政策、土地利用总体规划、主体功能区规划和行业发展规划等规划要求。在城镇及其近郊，居民集中区等环境敏感区域，以及大气污染防治联防联控重点地区建设铜冶炼项目，应根据环境影响评价结论，合理确定厂址及其与周围人群和敏感区域的距离。

（二）生产规模

新建和改造利用铜精矿和含铜二次资源的铜冶炼企业，冶炼能力须在 10 万吨 / 年及以上。鼓励大中型骨干铜冶炼企业同时处理铜精矿及含铜二次资源。现有利用含铜二次资源为原料的铜冶炼企业生产规模不得低于5万吨/年。铜冶炼项目的最低资本金比例必须达到20%。

二、质量、工艺和装备

（一）质量

铜冶炼企业须具备完备的产品质量管理体系，阴极铜必须符合国家标准（GB/T467-2010），其他产品质量必须符合国家或行业相应标准。

（二）工艺技术和装备

新建和改造利用铜精矿的铜冶炼项目，须采用生产效率高、工艺先进、能耗低、环保达标、资源综合利用好的先进工艺，如闪速熔炼、富氧底吹、富氧侧吹、富氧顶吹、白银炉熔炼、合成炉熔炼、旋浮铜冶炼等富氧熔炼工艺，以及其他先进铜冶炼工艺技术。必须配置烟气制酸、资源综合利用、节能等设施。烟气制酸须采用稀酸洗涤净化、双转双吸（或三转三吸）工艺，烟气净化严禁采用水洗或热浓酸洗涤工艺，硫酸尾气需设治理设施。设计选用的冶炼尾气余热回收、收尘工艺及设备必须满足国家《节约能源法》、《清洁生产促进法》、《环境保护法》、《清洁生产标准 铜冶炼业》（HJ558-2010）和《清洁生产标准 铜电解业》（HJ559-2010）等要求。

新建和改造利用各种含铜二次资源的铜冶炼项目，须采用先进的节能环保、清洁生产工艺和设备。预处理环节应采用导线剥皮机、铜米机等自动化程度高的机械法破碎分选设备，对特殊绝缘层及漆包线等除漆需要焚烧的，必须采用烟气治理设施完善的环保型焚烧炉。禁止采用化学法以及无烟气治理设施的焚烧工艺和装备。冶炼工艺须采用NGL炉、旋转顶吹炉、精炼摇炉、倾动式精炼炉、100吨以上改进型阳极炉（反射炉）以及其他生产效率高、能耗低、资源综合利用效果好、环保达标的先进生产工艺及装备，同时应配套具备二噁英防控能力的设备设施。禁止使用直接燃煤的反射炉熔炼含铜二次资源。全面淘汰无烟气治理措施的冶炼工艺及设备。

三、能源消耗

铜冶炼企业须具备健全的能源管理体系，配备必要的能源（水）计量器具，有条件的企业应建立能源管理中心，所有企业能耗必须符合国家相关标准的规定。

新建利用铜精矿的铜冶炼企业粗铜冶炼工艺综合能耗在180千克标准煤/吨

及以下，电解工序（含电解液净化）综合能耗在100千克标准煤/吨及以下。现有铜冶炼企业粗铜冶炼工艺综合能耗在300千克标准煤/吨及以下。

新建利用含铜二次资源的铜冶炼企业阴极铜精炼工艺综合能耗在360千克标准煤/吨及以下，其中阳极铜工艺综合能耗在290千克标准煤/吨及以下。现有利用含铜二次资源的铜冶炼企业阴极铜精炼工艺综合能耗在430千克标准煤/吨及以下，其中阳极铜工艺综合能耗在360千克标准煤/吨及以下。

四、资源综合利用

新建铜冶炼企业占地面积应低于4平方米/吨铜，水循环利用率应达到97.5%以上，吨铜新水消耗应在20吨以下，铜冶炼硫的总捕集率须达到99%以上，硫的回收率须达到97.5%以上，铜冶炼含重金属废水必须达标排放，排水量必须达到国家相关标准的规定。现有企业水循环利用率应达到97%以上，吨铜新水消耗应在20吨以下，铜冶炼硫的总捕集率须达到98.5%以上，硫的回收率须达到97%以上。新建含铜二次资源冶炼企业的水循环利用率应达到95%以上，现有含铜二次资源冶炼企业的水循环利用率应达到90%以上。

鼓励铜冶炼企业建设伴生稀贵金属综合回收利用装置。

五、环境保护

铜冶炼企业必须遵守环境保护相关法律、法规和政策，所有新建、改造铜冶炼项目必须严格执行环境影响评价制度，落实各项环境保护措施，项目未经环境保护部门验收不得正式投产。企业要按规定办理《排污许可证》(尚未实行排污许可证的地区除外)后，方可进行生产和销售等经营活动，持证排污，达标排放。企业应有健全的企业环境管理机构，制定有效的企业环境管理制度。

铜冶炼企业要做到污染物处理工艺技术可行，治理设施齐备，运行维护记录齐全，与主体生产设施同步运行，各项铜冶炼污染物排放要符合《铜、镍、钴工业污染物排放标准》(GB25467-2010)，企业污染物排放总量不超过环保部门核定的总量控制指标。新建及改造项目要同步建设配套在线污染物监测设施并与当地环保部门联网，现有企业应在2014年前完成。铜冶炼企业最终废弃渣必须进行无害化处理。

六、安全生产与职业病防治

铜冶炼企业必须遵守《安全生产法》、《职业病防治法》等法律法规规定，执行保障安全生产和职业病危害防护的国家标准或行业标准。新建和改造项目安全设施和职业病防护设施必须严格履行“三同时”手续。企业必须依法参加养老、失业、医疗、工伤等各类保险，并为从业人员足额缴纳相关保险费用。积极开展安全生产标准化工作，强化安全生产基础建设。

七、规范管理

（一）铜冶炼行业企业规范条件的申请、审核及公告

1. 工业和信息化部负责铜冶炼行业企业规范的管理。申请规范的企业须编制《铜冶炼行业规范申请报告》，并按要求提供相关材料。地方企业通过本地区工业主管部门向工业和信息化部申请，中央企业直接向工业和信息化部申请，并附省级工业主管部门意见。

2. 各省、自治区、直辖市及计划单列市工业主管部门负责接收本地区相关企业规范条件申请和初审，中央企业自审。

3. 工业和信息化部依据规范标准，对申请企业进行核查，必要时征求环境保护部等部门意见后，对符合规范条件的企业进行公示，无异议的予以公告。

（二）公告企业实行动态管理

工业和信息化部对公告企业名单进行动态管理。地方各级工业主管部门每年要对本地区企业执行规范条件的情况进行监督检查。工业和信息化部对公告企业进行抽查。鼓励社会各界对公告企业规范情况进行监督。公告企业有下列情况的将撤销其公告资格：

1. 填报相关资料有弄虚作假行为的；

2. 拒绝接受监督检查的；

3. 不能保持规范条件要求的；

4. 发生较大及以上生产安全事故和突发环境事件，造成严重社会影响的；

5. 存有国家明令淘汰的落后产能的。

公告符合规范条件的企业名单，作为相关政策支持的基础性依据。对未列入公告名单的企业，相关政策不予支持。

八、附则

（一）本规范条件适用于中华人民共和国境内（台湾、香港、澳门地区除外）所有类型的铜冶炼行业生产企业，也适用于利用其他装备改造成铜冶炼设备后从事铜冶炼的生产行为。

（二)本规范条件中涉及的国家标准若进行了修订,则按修订后的新标准执行。

本规范条件自2014年5月1日起实施，原《铜行业准入条件》(2006年第40号公告）同时废止。

本规范条件由工业和信息化部负责解释，并根据行业发展情况进行修订。

后 记

为全面客观反映2014年中国原材料工业发展状况并对2015年原材料工业发展状况预测，在工业和信息化部原材料工业司的指导下，赛迪智库原材料工业研究所编撰完成了《2014—2015年中国原材料工业发展蓝皮书》。

本书由宋显珠担任主编，张涛、王兴艳为副主编。王兴艳负责统稿，其中曾昆负责第一、二、五、八、九、十、二十八、二十九章；王兴艳负责第一、二、四、八、九、十、二十九章；张海亮负责第一、三、八、九、十、二十九章；马琳负责第一、二、六、八、九、十、二十一、二十二、二十九章；李丹负责第一、七、二十九章；李茜负责第十六、十七、十八、十九、二十章；刘彦红负责第十一、十二、十三、十四、十五章；张镇负责二十三、二十四、二十五、二十六、二十七章；商龚平负责第一、二、二十八、二十九章及附录。

在本书的编撰过程中还得到了相关省份和行业协会领导、专家提供的资料素材，特别是得到了郎大展、李拥军等专家提出的宝贵修改意见和建议，在此表示衷心感谢。由于编者水平有限，本身难免有疏漏、错误之处，恳请读者批评指正。如借此能给相关行业管理机构、研究人员和专家学者带来些许借鉴，将不胜荣幸。

研究，还是研究
才使我们见微知著

信息化研究中心
电子信息产业研究所
软件与信息服务业研究所
信息安全研究所
无线电管理研究所
互联网研究所
军民结合研究所

工业化研究中心
工业经济研究所
工业科技研究所
装备工业研究所
消费品工业研究所
原材料工业研究所
工业节能与环保研究所

规划研究所
产业政策研究所
财经研究所
中小企业研究所
政策法规研究所
世界工业研究所
工业安全生产研究所

编 辑 部：赛迪工业和信息化研究院
通讯地址：北京市海淀区万寿路27号电子大厦4层
邮政编码：100846
联 系 人：刘 颖　董 凯
联系电话：010-68200552 13701304215
010-68207922 18701325686
传　　真：010-68200534
网　　址：www.ccidthinktank.com
电子邮件：liuying@ccidthinktank.com

思想，还是思想
才使我们与众不同

《赛迪专报》
《赛迪译丛》
《赛迪智库·软科学》
《赛迪智库·国际观察》
《赛迪智库·前瞻》
《赛迪智库·视点》
《赛迪智库·动向》
《赛迪智库·案例》
《赛迪智库·数据》
《智说新论》
《书说新语》
《两化融合研究》
《互联网研究》
《信息安全研究》
《电子信息产业研究》
《软件与信息服务研究》
《工业和信息化研究》
《工业经济研究》
《工业科技研究》
《世界工业研究》
《原材料工业研究》
《装备工业研究》
《消费品工业研究》
《工业节能与环保研究》
《工业安全生产研究》
《产业政策研究》
《中小企业研究》
《无线电管理研究》
《财经研究》
《政策法规研究》
《军民结合研究》

编 辑 部：赛迪工业和信息化研究院
通讯地址：北京市海淀区万寿路27号电子大厦4层
邮政编码：100846
联 系 人：刘 颖　董 凯
联系电话：010-68200552 13701304215
010-68207922 18701325686
传　　真：010-68200534
网　　址：www.ccidthinktank.com
电子邮件：liuying@ccidthinktank.com